幼儿安全教育丛书 · 丛书主编：高丙成

幼儿园安全教育活动手册

大班

陈　琴　伍香平 / 主编

北京师范大学出版集团
BEIJING NORMAL UNIVERSITY PUBLISHING GROUP
北京师范大学出版社

图书在版编目（CIP）数据

幼儿园安全教育活动手册．大班／陈琴，伍香平主编．—北京：北京师范大学出版社，2022.6

ISBN 978-7-303-27661-5

Ⅰ．①幼…　Ⅱ．①陈…　②伍…　Ⅲ．①安全教育-学前教育-教学参考资料　Ⅳ．①G613.3

中国版本图书馆 CIP 数据核字（2021）第 279974 号

营　销　中　心　电　话　010-58802135　010-58802786

出版发行：北京师范大学出版社　www.bnup.com
北京市西城区新街口外大街 12-3 号
邮政编码：100088

印　　刷：三河市兴达印务有限公司
经　　销：全国新华书店
开　　本：787 mm × 1092 mm　1/16
印　　张：14.25
字　　数：231 千字
版　　次：2022 年 6 月第 1 版
印　　次：2022 年 6 月第 1 次印刷
定　　价：52.00 元

策划编辑：刘晟蓝　　　　责任编辑：马力敏　梁民华
美术编辑：李向昕　　　　装帧设计：李向昕
责任校对：康　悦　　　　责任印制：马　洁

丛书编委会

本书编委会

主　编　陈　琴　伍香平

副主编　秦旭芳　康永祥　李　军

编　委（按姓氏拼音排序）

程秀兰　高丙成　冯江英　李艳莹

刘　琨　刘　敏　卢筱红　孙蔷蔷

吴文艳　张海凤　周丛笑

推荐序 FOREWORD

儿童的健康成长关系到人类的未来、国家的希望和家庭的幸福。世界卫生组织和联合国儿童基金会的报告显示，全球每天有2000多个家庭因非故意伤害或“意外事故”失去孩子，从而使得这些家庭变得支离破碎；当孩子成长至5岁时，非故意伤害成为他们健康和生命的最大威胁，也是致残的一个主要原因，并会对儿童生活的各个方面造成持久的影响。① 在我国，据不完全统计，每年至少有一千万的儿童受到各种形式的意外伤害，约占儿童总数的10%。其中，约有10万儿童因此死亡，有近50万儿童因此残疾。② 给予儿童良好的照顾，使其免受伤害，降低危害儿童身心安全的风险，是数十年来国际组织、各国政府和相关人士一直努力实现的目标，至今仍然任重道远。

“儿童因身心尚未成熟，在其出生以前和以后均需要特殊的保护和照料”，这既在1959年联合国大会通过的《儿童权利宣言》中得以申明，也在1989年通过的《儿童权利公约》中被重申铭记。作为缔约国，中国为了更好地践行公约，于1991年发布了《中华人民共和国未成年人保护法》（以下简称《未成年人保护法》），对0~18岁儿童的家庭保护、学校保护、社会保护、司法保护等均单章单列，明确提出了保护儿童身心健康、加强对儿童的安全教育、保护儿童的人身安全和人格权益等具体要求。因此，幼儿的安全保护既是世界《儿童权利公约》的重要内容，也是我国《未成年人保护法》的基本要求。应该说，

① 世界卫生组织、联合国儿童基金会：《世界预防儿童伤害报告》，前言，2012。

② 中华人民共和国教育部、联合国儿童基金会：《让孩子远离伤害——幼儿安全教育与安全管理手册》，2页，2021。

对学前儿童的安全保护，既是家庭和社会共同的责任，也是幼儿园工作的首要任务。

近年来，保证儿童的安全已经成为事关亿万家庭幸福、社会和谐稳定的重要因素。由于多种复杂的因素，幼儿的安全事故时有发生，幼儿园的安全事件较多。党和国家高度重视幼儿安全问题，出台了系列政策文件引领校园安全方向，明确校园防控体系和应急路径。例如，《中共中央 国务院关于学前教育深化改革规范发展的若干意见》强调："强化安全监管……建立全覆盖的幼儿园安全风险防控体系。"各级地方政府和相关部门高度重视幼儿园安全工作，采取了一系列措施保障幼儿园及周边安全；幼儿园也积极构建安全防护体系。各级部门具体落实，确保幼儿园安全形势总体稳定，并积累了很多经验；理论研究和实践研究也积极关注安全问题，未雨绸缪，取得了诸多进展。

我的同事，青年学者高丙成老师协同学前教育领域和安全教育领域的专家学者、教研人员、园长和教师，用自己的专业研究、实践经验、前瞻性思考和责任担当，组织编写了这套"幼儿安全教育丛书"，力图反映研究的最新进展，汇集各地的有效经验，系统构建以幼儿园为基本单位、以幼儿保护为工作重点的安全防护体系。这套丛书具有基于综合研究、针对问题需求、汇集实践经验、重点保护儿童等主要特点，对开展相关研究、了解主要困境、解决常见问题、提高幼儿园安全防护水平和幼儿的安全自护能力，都具有重要启发意义和借鉴价值。

第一，基于综合研究。在这套丛书中，《中国幼儿园安全发展报告》是一项具有研究特点的成果，对幼儿园安全政策进行了系统分析；对主要国家幼儿园安全教育的经验进行了比较研究；基于对我国 31 个省份 9060 所幼儿园的 72812 名教师的调查，全面细致地分析了幼儿园安全教育的现状与问题；并在此基础上对我国幼儿园安全体系建设提出了建议。这些基于研究的分析和阐释，对于开展幼儿园安全教育的相关研究，了解现实状况，进行政策和路径分析与前瞻性思考，都有启发意义和借鉴价值。

第二，针对问题需求。基于大数据的分析研究，编写组了解并梳理了幼儿园容易发生的安全事故和教师认为幼儿园需要开展的安全教育活动。丛书包括校园、社会、居家等各个场所的安全教育，涵盖身体安全和心理安全两个层面，包含意外伤害，交通安全，卫生饮食安全，自然灾害防范安全，电器、电子产品安全，运动与游戏安全等诸多方面。也正是针对这些幼儿园常见的问题和幼儿教师的工作需求，编写组对丛书内容进行了设计和梳理，以期保护幼儿的基本安全，满足教师的日常工作需要。

第三，汇集实践经验。多年来，广大幼儿教育工作者本着关爱幼儿、热爱事业的专业理念和工作态度，在幼儿园和班级层面，遵循相关政策法规的要求和职业操守，尽心尽责、大胆实践、勇于探索，积累了丰富、有效、可推广的实践经验。丛书的主编正是基于广泛总结、提炼各地经验的视角，组织了来自全国多个省份的编写者，力图使丛书更广泛地汇集实践经验，也使其具有更广泛的适用性。

第四，重点保护儿童。丛书名为“幼儿安全教育丛书”，顾名思义是立足于幼儿园安全教育，同时凸显了重点保护儿童的核心理念和基本思想。各册的内容不仅涵盖了幼儿园安全管理、安全防护的方方面面，通过理念分析、案例剖析、百问百答等多种方式，兼顾幼儿园教职工各项工作中的安全问题，而且以幼儿安全为核心，兼顾家庭安全防护的常见问题；不仅建构了安全防护的体系和屏障，而且设计了旨在增强幼儿的主体意识、提高幼儿自我防护能力的安全教育活动。我们相信通过幼儿园和家庭的协作，幼儿的自我保护意识和能力会有所增强，幼儿园与教师、家长共同努力构筑的安全防护体系定能发挥联合效应，更好地呵护幼儿的健康成长。

当然，我们还必须时刻清醒地认识到，由于幼儿园安全问题具有复杂性和动态性，幼儿稚嫩脆弱，缺乏自我保护能力，每一位和幼儿接触的工作者特别是与幼儿近距离接触的保教人员，必须牢固树立安全第一的意识，具备保护幼儿的基本知识和基本能力，具有关注情况变化、处理紧急事件的敏锐性和应对措施，承担起“在任何危险情况下优先保护幼儿”的使命和责任。安全无小事，疏忽酿大错！宁可多做一点，也不能粗心大意错过半点。让我们点亮幼儿安全教育的明灯，陪伴幼儿走过童年的幸福人生。

刘占兰

2022 年 3 月

丛 书 序 PROLOGUE

为幼儿安全保驾护航

儿童的安全、健康成长，事关亿万家庭的幸福、社会的和谐稳定。幼儿园应当是最阳光、最安全的地方之一。党中央、国务院以及各部门高度重视幼儿园安全工作，出台了系列政策文件，对校园安全工作提出明确要求，并采取系列措施保护幼儿园安全。近年来，我国幼儿园整体环境持续好转，各种安全隐患逐年降低，安全风险防控体系逐步健全，幼儿园安全形势总体稳定。但是，由于受各种因素影响，幼儿园安全工作还存在制度不完善、不配套，预防风险、处理事故的机制不健全，意识和能力不强等问题。

为了更好地贯彻落实国家相关文件精神，切实加强幼儿园安全工作，总结幼儿园安全工作的经验，凝练幼儿园安全工作研究新进展，汇集各地幼儿园安全工作的成功案例，探讨幼儿园安全工作的路径方式，完善幼儿园安全风险化解机制，提高幼儿园安全管理工作水平，构建科学系统、全面规范、职责明确的幼儿园安全风险防控体系，切实维护师生人身安全，保障幼儿园平安有序，我们和北京师范大学出版社策划了这套“幼儿安全教育丛书”。

一、丛书背景及价值

在“幼儿安全教育丛书”出版过程中，我们始终坚持“服务决策”“指导实践”“创新理论”三位一体的整体推进思路，希望有助于改进幼儿园安全工作、服务幼儿园安全政策、深化幼儿园安全研究，为幼儿安全保驾护航。

（一）改进幼儿园安全工作

加强和改进幼儿园安全工作是全面贯彻党的教育方针，保障幼儿健康成长、全面发展的前提和基础。近年来，各级党委和政府把维护幼儿园安全作为一项重要任务，相关部门不断强化落实幼儿园安全保卫和监管责任，提升人防、物防、技防能力，建立全覆盖的幼儿园安全风险防控体系。幼儿园把保护幼儿生命安全和健康放在首位，落实园长安全主体责任，健全各项安全管理制度和安全责任制，强化法治教育和安全教育，提高家长安全防范意识和能力，完善安全措施和应急反应机制，使幼儿园安全体制机制不断完善。但是，由于受各种因素影响，幼儿园安全问题仍然时有发生。中国教育科学研究院 2019 年对全国 31 个省份的 9060 所幼儿园的 72812 名幼儿园园长和教师的调查发现，幼儿园容易发生的安全事故包括摔伤（76.5%）、同伴玩耍（76.5%）、传染病（72.5%）、运动安全（69.9%）、烫伤（68.3%）、食物中毒（66.3%）、踩踏（56.7%）、校园伤害（53.2%）、消防安全（51.3%）等。本套丛书的编写有助于引导幼儿园进一步提高对安全工作重要性的认识，牢固树立安全发展理念和生命至上、安全第一的思想，强化安全工作红线意识；有助于幼儿园不断完善安全风险管控机制，严格落实各项管理制度和措施，将安全管理融入日常工作的全过程；有助于指导幼儿园建立健全安全事件应急管理机制，制定安全风险清单，完善、细化各项应急处置预案，落实人员职责，做好安全防范和隐患化解工作，进一步加强和改进幼儿园安全工作。

（二）服务幼儿园安全政策

习近平强调：“人民安全是国家安全的宗旨。”① 党中央、国务院出台系列重要政策文件引领幼儿园安全工作方向。《国务院关于当前发展学前教育的若干意见》强调“强化幼儿园安全监管……建立全覆盖的幼儿园安全防护体系”。《国务院办公厅关于加强中小学幼儿园安全风险防控体系建设的意见》强调“加快形成……科学系统、全面规范、职责明确的学校安全风险预防、管控与处置体系”。《中共中央 国务院关于学前教育深化改革规范发展的若干意见》强调“幼儿园必须把保护幼儿生命安全和健康放在首位”，“建立全覆盖的幼儿园安全风险防控体系”。《“十四五”学前教育发展提升行动计划》提出“严格落实幼

① 中共中央宣传部：《习近平新时代中国特色社会主义思想学习纲要》，179 页，北京，学习出版社、人民出版社，2019.

儿园安全主体责任和有关部门安全监管责任，建立全覆盖的安全风险防控体系”。这些政策措施的出台进一步明确了幼儿园安全工作的目标，提出了幼儿园安全工作的基本要求，规定了幼儿园安全工作的重点任务，完善了幼儿园安全工作的体制机制。按照党中央、国务院的决策部署，各地围绕幼儿园安全防范、安全管理、安全教育、安全处置、安全督导等方面进行了全方位的探索与实践，涌现出了许多幼儿园安全工作的先进做法、成功经验、典型案例。本套丛书的编写非常注重总结、提炼各地幼儿园安全工作的先进经验，分析、梳理各地幼儿园安全工作的成功做法，汇集挖掘各地幼儿园安全工作的典型案例，以期为幼儿园安全工作提供可资借鉴参考的优秀成果，为制定幼儿园安全相关政策和措施提供客观依据和研究支持。

（三）深化幼儿园安全研究

幼儿园安全问题引起了社会各界人士和家长的高度重视与广泛关注。研究者重点对幼儿园安全制度建设、安全预警防范、安全教育演练、安全管理、安全事故处理、安全督导检查、安全保障等进行了多方面的研究和探索，相关理论日渐丰富，学术水平也不断提高。这些研究进一步丰富了幼儿园安全的相关研究成果，加深了人们对幼儿园安全的认识和了解。2018 年，中国教育科学研究院立项了中央级公益性科研院所基本科研业务费专项资助“幼儿园安全状况及风险防控机制研究（GYC2018001）”课题。在研究过程中，课题组对全国幼儿园安全状况及幼儿园安全教育、幼儿园安全管理等问题进行了较为系统的研究，对我国幼儿园安全工作有了更全面、深入的了解。随着研究的不断推进，我们发现，无论是对幼儿园安全标准、教师安全素养、安全保障机制等政策性问题的研究，还是对幼儿园安全教育、安全管理、安全事故处理等实践性问题，以及幼儿园安全课程建设、安全工作现状等学术性问题的研究都不够丰富，相关研究还难以有效满足服务决策、指导实践的要求。在本套丛书的编写过程中，我们重点对幼儿园安全政策、安全状况、安全管理、安全防护、安全教育等方面进行了全面系统的研究探讨，以期更好地拓宽幼儿园安全的研究领域，形成具有中国特色、中国风格、中国气派的幼儿园安全理论研究成果；更好地发挥幼儿园安全研究的实践引领作用，引导各地区有针对性地改进幼儿园安全工作；更好地提升幼儿园安全研究的服务决策科学化水平，为建立健全幼儿园安全的相关政策提供学术支持和研究依据。

二、丛书主要特点

丛书编写过程中力求凸显以下主要特点。

（一）科学性

本套丛书组织我国13个省份的教育科研院所、高校、幼儿园的学前教育教科研人员、高校教师、园长等成立编写组，广泛汇集多方力量，力争做到“梳理政策法规，把握研究进展，聚焦实践问题”。在编写过程中，编写组不仅注重对国内外幼儿园安全相关政策进行系统的梳理分析，积极回应国家对幼儿园安全问题的科学部署和基本要求；而且注重广泛借鉴国内外幼儿园安全相关研究成果，积极吸收国内外优秀研究成果和先进经验；还注重深入分析基于全国31个省份幼儿园园长、教师、家长的实践经验、问题、困惑与诉求，深刻把握新时代幼儿安全实践面临的新问题，并根据新要求新变化提出新方法新策略，以期达到政策分析、理论研究与实践探讨相统一的目的。

（二）全面性

本套丛书以保护儿童安全和健康为出发点和落脚点，从幼儿的生活实际出发，以幼儿的生活经验为背景，以家庭、幼儿园、社会生活中常见的与安全有关的政策、研究及实践问题为主要内容，科学设计供园长、教师、家长等不同群体使用的幼儿安全教育手册。从书内容不仅包括幼儿园安全政策与法律法规解读、中国幼儿园安全发展报告，还有对幼儿园安全管理与防护、安全教育等实践经验的梳理；不仅从幼儿园园长、教师、家长等视角设计、构建了幼儿园安全管理与防护内容体系，而且从幼儿园教育、家庭教育的视角设计了与安全教育工作相关的内容体系，力求多角度全方位构建幼儿园安全工作体系。

（三）实用性

本套丛书围绕幼儿园安全教育和安全防护中存在的突出问题、工作需求、重点任务展开，深入挖掘全国各地区幼儿园安全教育工作中的先进经验、成功做法、典型案例、实用策略等，旨在发现问题、找准需求、分解任务、提供对策，着力解决幼儿园安全工作中的困惑和问题，提供针对性的对策和建议，为幼儿园安全工作提供借鉴和参考，提高园长、教师、家长的安全意识和能力，提高幼儿感知、体悟、躲避危险的能力。

（四）可读性

本套丛书在写作上力求政策解读灵活多样、生动活泼，理论阐述层次分明、通俗易懂，案例分析生动翔实、简洁清晰，注重理论通俗化、经验具体化、案例故事化、策略操作化，以清晰的逻辑、简明的方式直观形象地呈现内容，力争做到行文流畅、思路清晰、图文并茂、可读性强。

感谢刘占兰研究员的悉心指导和专业引领，感谢各分册主编和合作者的认真准备与辛勤付出，感谢姚贵平、罗佩珍、刘晟蓝等的精心策划和细心编辑，感谢中国教育科学研究院领导、同事对幼儿园安全工作的无私帮助和热情支持。正是由于多方的支持和共同努力，本套丛书才能够顺利出版。由于研究时间、精力和水平所限，疏漏在所难免，敬请各位批评指正。

高丙成

2022 年 3 月

前　言 PERFACE

强化安全教育，提高幼儿自我保护能力

促进幼儿健康快乐成长是幼儿园工作的出发点和落脚点，幼儿园必须把保障幼儿生命安全和健康放在首位。幼儿园安全教育是促进幼儿健康快乐成长的重要途径和方法。《中共中央 国务院关于学前教育深化改革规范发展的若干意见》强调："幼儿园必须把保护幼儿生命安全和健康放在首位……强化法治教育和安全教育，提高家长安全防范意识和能力，并通过符合幼儿身心特点的方式提高幼儿感知、体悟、躲避危险和伤害的能力。"《幼儿园工作规程》强调："幼儿园应当把安全教育融入一日生活，并定期组织开展多种形式的安全教育和事故预防演练。"《幼儿园教育指导纲要（试行）》强调："密切结合幼儿的生活进行安全、营养和保健教育，提高幼儿的自我保护意识和能力。"《3—6 岁儿童学习与指南》提出"具备基本的安全知识和自我保护能力"的儿童学习与发展目标，并强调要"结合活动内容对幼儿进行安全教育，注重在活动中培养幼儿的自我保护能力"。这些政策为幼儿园开展安全教育指明了方向，提供了根本准则。

本套"幼儿园安全教育活动手册"（以下简称"活动手册"）依据我国学前教育相关政策要求，立足我国学前教育改革发展实践，借鉴国内外相关学术研究成果，由中国教育科学研究院幼儿园安全教育课题组进行前期框架设计，并联合全国 12 个省份中具有深厚理论素养和丰富实践经验的优秀高校教师、教研员、园长和教师等进行协同合作，联合攻关。

"活动手册"从幼儿的生活实际出发，以幼儿的生活经验为背景，选取幼儿在家庭、幼儿园、社会生活中一些常见、突出的安全问题为教育主题内容，以小、中、大班幼儿年龄发展为主线，设计生动活泼、趣味性强、游戏化的幼儿园安全教育活动方案。活动方案以保障幼儿获得基本学习和良好发展为前提，不仅对安全教育教学活动进行全面系统设计，而且对班级墙饰创设、区域活动环境设计、班级文化建设等提出要求，同时对安全在一日生活中的教育渗透等进行总体规划，着力构建“全方位、立体化”的幼儿园安全教育体系，为幼儿园教师实施全面、生动的幼儿园安全教育教学提供依据和参考，使幼儿能够学习和掌握必要的安全自护常识，提高自护意识和能力。

一、“活动手册”的编写原则

“活动手册”安全单元主要依据以下原则进行确定。一是目标性。安全教育旨在帮助幼儿树立安全自护意识，学习基本的安全自护常识，掌握必要的安全自护技能，具备一定的自救自护的素养和能力，最大限度地预防安全事故的发生和减少安全事件对幼儿造成的伤害，保障幼儿健康快乐成长。二是生活化。安全教育要从幼儿的生活实际出发，以幼儿的生活经验为背景，选取幼儿在家庭、幼儿园和社会生活中可能出现的安全隐患作为活动内容。三是适宜性。安全教育应符合幼儿身心发展的一般规律和特点，既要符合幼儿当前发展的需要，又要符合幼儿未来发展的需要，同时要兼顾不同地区、不同园所类型、不同经济发展水平等方面的差异。根据以上原则，编写组按照每月一个安全教育单元进行设计，结合国内外安全教育相关节日活动的时间与我国幼儿园教育实际，从每年九月到次年八月依次选择了意外伤害，心理健康，消防安全，交通安全，社会安全，居家安全，园所安全，卫生饮食安全，自然灾害防范安全，身体安全，电器、电子产品安全，运动与游戏安全 12 个安全单元，希望通过全面、系统地实施单元活动确保幼儿平安。

安全单元中安全主题的选择主要体现以下原则。一是一致性与递进性相统一。各个安全主题的内容要围绕安全单元，充分体现与主题的一致性和关联性；在同一主题下，不同年龄段的内容有明显的年龄发展特点，体现出随着年龄的增长，内容的广度和深度不断递进。二是整合性与代表性相统一。主题单元活动的内容要与健康、语言、社会、科学、艺术各领域的教育内容相互渗透，促进幼儿知识、智力、情绪情感、行为技能等方面的发展，同时要能够反映安全教育主题的核心目标，使幼儿能够学习和掌握必要的安全自护常识，提高自护意识和能力。三是趣味性和灵活性相统一。教育活动的选择要充分考虑幼儿的兴趣，并来源于幼儿熟悉、贴近生活经验的内容，同时要灵活选择能够通过集体教学活动、游戏活动、生活活动、亲子活动、户外活动等多种方式，支持幼儿通过直接感知、实际操作、亲身体验等方式进行学习的内容。根据以上原则，编写组按照每周一个安全教育活动主题进行设计，每个月包括 4 个或 5 个安全教育主题，每个年龄段设计了 52 个安全教育主题，希望通过连贯、整合地实施主题活动确保幼儿周周安全。

二、"活动手册"的编写结构

"活动手册"分小、中、大班三个年龄段，每个年龄段包括意外伤害，心理健康，消防安全，交通安全，社会安全，居家安全，园所安全，卫生饮食安全，自然灾害防范安全，身体安全，电器、电子产品安全，运动与游戏安全 12 个安全单元。每个主题单元包括主题单元的背景资料、活动目标、环境创设、教育活动方案、幼儿表现评估等方面。

每个安全单元包括 4 个或 5 个安全主题，共 52 个安全主题。不同年龄段在同一主题下，安全教育活动的广度和深度不断递进，三个年龄段共 156 个安全教育活动（见附表 1）。每个教育活动方案包括活动背景、活动目标、活动准备、活动过程、活动评价、活动延伸等方面的内容。

三、"活动手册"的主要特点

"活动手册"编写过程中力求凸显以下主要特点。

一是科学性。"活动手册"编写过程中十分注重政策分析、理论研究与实践探讨相统一。首先，编写组全面分析了《3—6 岁儿童学习与发展指南》《幼儿园教育指导纲要（试行）》《幼儿园工作规程》《国务院办公厅关于加强中小学幼儿园安全风险防控体系建设的意见》《国务院办公厅关于转发教育部中小学公共安全教育指导纲要的通知》等政策法规对安全教育的要求，以更好地把握幼儿园安全教育工作的国家立场和方向；其次，编写组系统查阅和分析了国内外有关幼儿园安全教育的专著、期刊论文、学位论文等，借鉴和参考了相关的课程资源、教学案例、绘本等，以系统把握国内外幼儿园安全教育研究现状和未来发展趋势等；最后，对全国 31 个省份的 9060 所幼儿园的 72812 名幼儿园园长和教师进行问卷调查，深入访谈了100多名幼儿园园长和教师，力争能够更全面深入地了解我国幼儿园安全教育实践中取得的经验成效以及存在的突出问题。

二是系统性。“活动手册”的编写十分注重全面性、专业性和发展性相结合。目前，国内有关幼儿园安全教育活动的图书往往以幼儿园安全教育活动的经验总结或案例分享居多，安全教育主题和内容还不够全面系统，不同年龄段的安全教育活动缺乏连贯性，安全教育活动的代表性也有待提高。“活动手册”编写组联合全国12个省份的高校教师、教研员、园长和教师等组成编写团队，共同学习、领会相关政策要求，借鉴国内外相关研究成果，基于大样本调研数据统计分析以及大范围深度访谈，遵循小、中、大班幼儿年龄发展特点，以促进儿童学习较为全面、系统的安全自救知识，提高自护素养。

三是实用性。“活动手册”的编写着力在操作性、延展性、可读性等方面下功夫。“活动手册”中的安全教育活动从幼儿的生活实际出发，从幼儿在幼儿园、家庭和社会生活中一些常见的、突出的安全问题入手，设计了生动活泼、趣味性强、游戏化的幼儿园安全教育活动方案，支持教师在认一认、想一想、议一议、试一试等各个环节中灵活采用集体教育、小组分享、角色扮演、亲子活动、实地参观、安全演练等多种方式吸引幼儿参与到活动的全过程中，充分调动和发挥幼儿的学习兴趣和能动性，引导幼儿在感知体验、操作实践、探索反思的过程中习得和构建其安全自护知识体系，促进其安全自护意识、自护能力的发展和提升。

“活动手册”每个安全单元不仅设置了背景资料供教师了解安全教育主题单元的意义、价值、内容、方法等，而且从墙饰创设、区域活动、班级文化等方面创设了安全教育主题单元环境供教师进行安全教育环境的布置。每个安全教育活动都提出了本活动在集体、游戏、生活、户外、亲子等方面的延伸活动以及安全常识、安全案例、安全法规等方面的参考资源供教师丰富和拓展与安全教育主题单元相关的知识和资源。一方面有利于教师根据幼儿的特点和兴趣需要灵活选择相关内容素材，另一方面也可以作为儿童学习活动的拓展和延伸。

“活动手册”在编写过程中力争做到语言通俗易懂，行文流畅，简洁清晰，图文并茂，易于阅读。“活动手册”在编写过程中，由各册主编、副主编共同确定安全单元、安全主题和安全教育活动及写作框架与要求等，由幼儿园园长或教师初步撰写安全教育活动方案，编委审阅修改，副主编进行通稿，主编最终审核把关。

“活动手册”是集体智慧的结晶，编写人员来自全国12个省份的高校、科研院所和幼儿园等，由高丙成进行统筹设计，高丙成、孙蔷蔷、陈琴担任分册第一主编，康永祥、吴文艳、李军、冯江英、张海凤、卢筱红、刘敏、秦旭芳、周丛笑、刘琨、程秀兰、伍香平依次担任了意外伤害，心理健康，消防安全，交通安全，社会安全，居家安全，园所安全，卫生饮食安全，自然灾害防范安全，身体安全，电器、电子产品安全，运动与游戏安全12个单元的负责人。感谢团队成员的精诚合作和无私付出，感谢各单位相关专家、领导对“活动手册”的支持和帮助，感谢北京师范大学出版社的策划和出版。正是由于大家的共同努力和多方支持，“活动手册”才能够顺利出版。由于研究时间、精力和水平所限，疏漏在所难免，敬请各位同行批评指正。

高丙成

2022年3月

附表 1：幼儿园安全教育活动框架体系

安全单元	安全活动主题	分年龄具体活动		
		小班	中班	大班
意外伤害	1. 认识紧急求救电话	电话号码作用大	我身边的大英雄	我不怕了
	2. 防磕碰	藏起来的角角兽	瓷器店里的大象	热心肠的熊先生
	3. 防烫烧伤	身边的“小生气”	热水瓶的故事	爸妈不在家
	4. 防摔伤	是谁打碎了鸡蛋宝宝	冬天的故事	爱逞能的牛牛
	5. 防溺水	我爱玩水	溺水的橘子狐狸	不会游泳的长颈鹿先生
心理健康	1. 认识自己	我长大了	优点大寻找	扬长补短
	2. 认识管理情绪	笑娃娃、哭娃娃和气娃娃	情绪小主人	我生气了
	3. 面对挫折	我不害怕	我是小小勇士	挫折我不怕
	4. 学会同伴交往	我们一起玩	最好的礼物	合作力量大
	5. 增强亲子交往	妈妈包里的秘密	我爱我家	爸爸爱我
消防安全	1. 认识消防标志	防火知识我知道	防火小卫士	火灾预防指南
	2. 火灾预防	消防标志我认识	生活中的消防标志	消防安全禁止标志我设计
	3. 火灾逃生	遇到火灾我不怕	着火了如何逃生	逃生路线我设计
	4. 消防演习	消防演习我体验	着火了怎么办	消防车进校园
交通安全	1. 认识交通标志	红绿灯眨眼睛	我是小交警	交通标志我知道
	2. 文明小行人	去幼儿园路上	我会过马路	马路上的危险
	3. 乘坐交通工具	我也要搭车	乘车安全我知道	我们一起去郊游
	4. 咬人的电梯	和爸爸妈妈乘电梯	电梯会“咬人”	电梯安全宣传员
社会安全	1. 不跟陌生人走	长耳朵被谁带走了	白雪公主历险记	我不认识你
	2. 危险场所不去要	拥挤的荷叶	危险的踩踏事件	人多的地方我不去
	3. 迷路怎么办	谁的玩具宝宝不见了	迷路有办法	我不会走丢
	4. 反恐防暴小常识	会躲避的小羊	躲避小能手	恶狼来了怎么办

续表

安全单元	安全活动主题	分年龄具体活动		
		小班	中班	大班
居家安全	1. 洗手间的安全	我要拉㞎㞎	洗手间里的小秘密	不在洗手间玩耍
	2. 厨房里的安全	妈妈做饭我不闹	厨房用具我不玩	煤气泄漏别害怕
	3. 工具安全	尖尖的东西要小心	大大小小的工具	我会安全使用工具
	4. 逗弄宠物很危险	和狗狗玩耍的安全	我会和宠物交朋友	逗弄动物很危险
园所安全	1. 生活常规安全	幼儿园里的一天	安全生活	幼儿园生活安全宣传员
	2. 入园离园安全	幼儿园里真好玩	离园不乱跑	小学不一样
	3. 大型活动安全	危险的缝隙	大型活动听指挥	我们的毕业典礼
	4. 教育教学活动安全	小板凳会“咬手”	楼梯安全故事	我和我的好朋友
卫生饮食安全	1. 认识健康食品	小肚皮喜欢的食物	垃圾食品我不吃	包装袋上的秘密
	2. 食物的秘密	会说话的食物	舌尖上的魔法	小小食品质检员
	3. 科学进餐	我会自己吃饭	肚子里有个火车站	食物最佳搭档
	4. 传染病预防	它们能吃吗	让疾病逃跑吧	科学安全进餐
自然灾害防范安全	1. 防台风暴雨	台风暴雨后的小动物	台风来了，暴雨来了	台风暴雨小常识
	2. 防冰雪	雪娃娃与冰娃娃	冰雪好玩要当心	冰雪小达人
	3. 防雷电冰雹	雷电与冰雹	避雷电，躲冰雹	雷电冰雹安全擂台赛
	4. 防洪水泥石流	洪水与泥石流的危害	洪水来了怎么办	泥石流中的自救
	5. 地震来了怎么办	地震逃生演练	地震了怎么办	防震减灾我知道

续表

安全单元	安全活动主题	分年龄具体活动		
		小班	中班	大班
身体安全	1. 保护眼睛	我的亮眼睛	保护我们的大眼睛	预防近视有办法
	2. 保护耳朵、鼻子	鼻子弟弟和耳朵哥哥	鼻子流血我不怕	保护耳朵
	3. 保护牙齿	保护牙齿宝宝	远离龋齿	换牙我不怕
	4. 爱护小手	我有一双小小手	小手洗洗真干净	爱护我的小手
	5. 隐私保护	我的身体别乱碰	我能大胆说“不”	别碰我
电器、电子产品安全	1. 安全使用电器	电器安全我知道	电器功能我了解	家用电器是我的小帮手
	2. 合理使用手机	不迷恋手机	手机朋友要当心	手机隐私与信息安全
	3. 看电视有节制	看电视有节制	遵守约定看电视	合理规划看电视时间
	4. 玩游戏不上瘾	电子游戏危害多	游戏好玩不贪恋	玩游戏不上瘾
运动与游戏安全	1. 运动安全我知道	运动安全我知道	安全进出门	玩水的安全
	2. 运动中的自我保护	个人运动中的自我保护	户外活动安全我知道	运动冒险中的自我保护
	3. 大型器械的安全	大带小游戏“安全玩滑梯”	不听话的秋千	组合器械我会玩
	4. 中小型玩具的安全	自选器械的安全	玩球要注意什么呢	运动安全规则我制订

目　录　CONTENTS

大班意外伤害

一、 主题单元背景资料

大班幼儿日渐成熟的认知心理，不仅能够支持他们更准确地识别可能存在的意外危险，习得更为复杂的自我安全防护技能，而且能够拓展他们对自身与他人关系的认识，使他们学会换位思考，意识到自身行为可能对他人造成的安全影响。大班幼儿在学会自理的同时，也开始重视别人对自己的看法，这为幼儿更好地理解并遵守安全行为规则奠定了基础。基于此，大班幼儿意外伤害教育，不仅要考虑如何进一步丰富幼儿对意外伤害的成因、后果等的感性经验，帮助他们自觉巩固已经获得的防范意外伤害的技能，重视他人的提醒和建议，自觉遵守相关安全行为规则，而且要为他们创造丰富的自主学习机会，引导他们形成更强的防护意识和能力。

二、 主题单元目标

第一，知道养成自我防护习惯的重要性。

第二，能够认真听取并重视成人提出的行为规范要求。

第三，能拨打紧急电话，并清楚、准确地向专业救援人员传递关键求救信息。

第四，能掌握并运用一些基本的自救方法。

第五，能够对生活中常见的危险情境保持警觉，并自觉遵守相关安全规则。

三、 主题单元环境创设

（一）墙饰创设

1. 我爱我家

以幼儿园为中心，绘制周边环境简化地图，强化幼儿对自己所在位置的空间感，巩固幼儿对自身所在位置的精确认知，帮助幼儿准确表达自己的位置，为幼儿形成求助能力提供基础。

2. 危险事物清单

在幼儿园墙壁上布置危险事物分类清单，按照意外伤害的类型，将可能造成伤害的实物和情境分类呈现，供幼儿日常观察和学习。

（二）区域活动

科学区：“我在哪里”

幼儿与父母合作绘制简易地图，突出幼儿主要生活场景所在位置，并标注离家最近的紧急救助机构，如警察局、消防局、医院等。幼儿尝试在地图上找到去相关机构最近的路线，增强空间感，提升自救能力。

（三）班级文化

1. 增强幼儿的主动思考能力和问题分析能力

随着认知能力的发展，大班幼儿已经不再满足于被动遵守规则。面对各种可能的意外伤害，他们会分析既往规则的有效性，反思防止意外伤害对自身提出的更高要求，从被动遵守相关规则到主动思考分析意外伤害产生的原因，进而形成自我防护能力。在大班幼儿意外伤害教育中，从教学内容到环境创设，应突出幼儿的自主性，为幼儿创造多种自主思考和分析问题的机会与空间，帮助幼儿不仅更深刻地了解原有行动规则，而且能够根据自身实际情况获知真正属于自己的行动规则，增强在意外伤害自我防护上的自主独立能力。

2. 强化幼儿合理的自我期待，提升幼儿自我防护的主动性

对于大班幼儿来说，他们不仅要解决当下的问题，而且要在某种程度上彰显自身能力的独特性。因此，教师不仅要抓住机会让幼儿基于经验，思考如何有效应对可能的意外伤害，而且要进一步强化幼儿对自我的合理认识，引导幼儿正确看待自我发展的不足，使幼儿的相关能力得到更为有效的发展。

四、 主题单元教育活动方案

大班活动 1：我不怕了

（一）活动背景

大班幼儿的逻辑思维能力、语言表达能力以及动手操作能力都有了一定的发展，有能力识别一般的危险情况，并能正确识记和拨打紧急求救电话。在使用电话求救方面，大班幼儿不仅应掌握更多的自救方法，如逃离火场的基本方法，而且应能利用自身的相关能力，对紧急危险状况的后续发展产生进一步的积极影响，如发现危险时能及时提醒他人，知道如何为他人提供水等简单的帮助，实现从被动待援到主动救助的转变。

（二）活动目标

第一，知道在拨打紧急电话时要清楚地说出自己遇到的紧急情况。

第二，能按照求救电话里的要求安排自己的行动。

第三，逃离火灾等危险情境时，能够镇定、不慌张。

第四，尝试使用一些简单的自救方法等待救援。

（三）活动准备

第一，玩具电话、火焰图标、蒙面坏人的卡通图像、小毛巾、小桌子、小椅子、火灾自救的相关视频。

第二，幼儿能够准确判断左右、前后等方位；有一定的观察能力，能注意到所观察对象的主要特征；知道紧急电话的用途。

（四）活动过程

1. 以故事引入危险场景，让幼儿思考该如何准确求救

师：小朋友们，我们都知道遇到危险要找警察叔叔，发生火灾要找消防员叔叔。那怎样才能让警察叔叔或消防员叔叔最快地找到我们呢？

(1)引导幼儿讨论，让幼儿知道首先要正确拨打电话号码，然后清楚地说明自己的位置。

(2)角色模拟游戏“着火了”。出示图片，假设家里着火了，幼儿向扮演警察的同伴说出自己现在所在的地方或自己家的位置。

2. 向幼儿播放火灾视频，引导幼儿学习火灾逃生的方法

师：小朋友们，刚才我们看到一旦发生大火会很危险。我们除了给消防员叔叔打电话求救，还应该赶紧逃跑。可是，大家看到了，如果大火产生很多的烟，我们不仅看不清，而且会被烟熏倒，那该怎么办呢?

教师播放消防自救视频，幼儿学习正确的逃生方法。

3. 在教室中布置逃生情境，引导和鼓励幼儿模拟逃生和自救

(1)教师用椅子、课桌等摆出一个曲折的逃生走廊，走廊到出口不只一条通道，有些通道中放有火焰图标，告诉幼儿当遇到火焰图标时要寻找新的逃生路线。

(2)参与游戏的幼儿在游戏开始后要蒙上眼睛，模拟在烟雾中穿行。其他旁观的幼儿在参与游戏者接近火焰图标时，要通过鼓掌来预警，并给其指出正确的行动路线。

(3)幼儿可以两到三人为一组，后面抓着前面的衣服，摸着通道旁边的物体前行。幼儿顺利逃离后，全班掌声鼓励他们(同样的场景，可以模拟从坏人手中逃离的情节，将火焰图标用蒙面坏人的卡通图像代替。旁观游戏的幼儿要给游戏中蒙着眼睛的幼儿做指引，指挥他们走向正确的通道)。

(4)逃生游戏结束后，幼儿谈谈游戏感受和逃生心得。

(五)活动评价

在模拟的危险求助情境中，幼儿能准确、清楚地介绍个人所处的位置；愿意参与模拟逃生的游戏，并按照游戏规则完成必要的动作；游戏时能够认真听他人发出的信号，冷静地听从指挥，合理准确地做出相应的规避危险的动作；能清楚、及时、准确地给予别人逃生提醒。

(六)活动延伸

角色游戏：以硬纸板为隔断物，布置行动路线、危险人物等，不断增加游戏的难度，布置更多、更曲折的通道，鼓励幼儿积极尝试逃离。

大班活动 2：热心肠的熊先生

（一）活动背景

大班幼儿已经具备一定的自主能力和利他意识，喜欢参与集体事务，渴望获得他人的认可。但是因个人能力有限，他们有时因为对自己能力估计不足，可能会好心办坏事，如想帮别人倒水，却把水倒在了别人身上；或者对自身行为可能带来的风险缺乏预判，无意中造成他人受伤，如搬凳子走路时磕碰到了他人。因此，对大班幼儿的防磕碰教育，不仅要包括防磕碰的自我防护教育，而且要逐步拓展到安全行为习惯教育，支持幼儿从利他角度思考个人不当行为可能造成的后果，增强幼儿的助人意识和良好行为习惯养成意识。

（二）活动目标

第一，知道帮助别人时要注意安全，判断可能发生的磕碰危险。

第二，在搬运东西时能提醒他人，防止对他人造成伤害。

第三，知道一些基本的防磕碰知识，能体会到良好习惯的重要性。

（三）活动准备

第一，“热心肠的熊先生”故事课件。

第二，幼儿在日常生活中帮助过别人，并能表达出帮助别人的正当理由和感受；有过无意间伤害到他人的经历。

（四）活动过程

1. 讲述故事“热心肠的熊先生”，通过提问引发幼儿对关键情节的思考

师：小朋友们，今天老师给大家带来了一个新故事，叫“热心肠的熊先生”。熊先生是个热心肠的人，特别喜欢帮助别人，可是最近他遇到了一些令他很烦恼的事情。我们一边听故事，一边帮他出出主意好不好？

熊先生个子很高，力气很大，又很热心肠，非常喜欢帮助别人，森林里的动物都很喜欢他。可是最近熊先生很不开心，不是因为大家不喜欢他了，而是因为他把好事办成了坏事。第一次是帮助小兔子搬家。小兔子家很小，熊先生好不容易走进小兔子家，可是他搬着桌子转身时，一不小心桌角磕到了小兔子的脑袋，小兔子的脑袋上马上起了个大包，小兔子痛得流出了眼泪。虽然小兔子说没关系，但熊先生看着小兔子碰伤的脑袋，心里很难受，感觉自己好心办了坏事。

第二次是帮大家捅马蜂窝。森林里的大树上有一个很大的马蜂窝，飞出的马蜂已经蜇伤好几只小动物了。熊先生决定找一个长长的杆子，帮大家把马蜂窝捅下来。因为熊先生皮厚，所以马蜂拿他没办法。可是捅马蜂窝的时候，熊先生一不小心力气用大了，杆子磕到了小鸟的脑袋，小鸟痛得都快晕过去了。熊先生很惭愧。

师：故事讲到这里，小朋友们给熊先生出出主意吧，以后怎么做才不会好心办坏事呢？

小结：教师引导幼儿讨论熊先生好心办坏事的原因，进而讨论该如何做。

2. 引导幼儿得出相关的结论后，为幼儿呈现故事的结尾，引发幼儿对自身能力的思考

师：刚才小朋友们给熊先生出了很多主意。我们看看森林里的动物是怎么做的吧。

森林里的动物知道熊先生为什么伤心后，一起去感谢他，然后给他出主意。小兔子说："熊先生的力气大，个子高，给我这样的小动物帮忙时一定要提醒身边的小动物多多注意。"小鸟对小兔子说的话表示同意。熊先生觉得大家说的话很有道理，于是不再伤心了。

小结：故事讲完后，教师向幼儿举出生活中的一些情境，询问幼儿从"熊先生"的故事中受到了什么启发，在帮助他人或者在拥挤的地方活动时应该注意什么。

3. 引导幼儿分组尝试搬运，掌握搬运物品时防止磕碰的方法

(1)观察混乱的活动区，分组讨论怎样搬运这些东西，怎样才能不磕碰到其他人。

(2)分工负责，分成提醒员、搬运员，合作完成任务。

(3)一起观察收拾好的区域，表达自己的感受，体验安全搬运的快乐。

(五)活动评价

第一，幼儿能够说出故事中熊先生好心办坏事的原因，并给出若干建议。

第二，幼儿能够从故事中受到启发，说出日常生活中无意磕碰他人的场景，并指出在相关场景中应该怎么做。

第三，幼儿能说出在常见的生活场景中为避免磕碰应遵守的主要规则。

第四，幼儿能主动表达自愿遵守活动规则以及提醒他人遵守活动规则的意愿，并给自己提出相关具体的要求。

（六）活动延伸

1. 家庭亲子活动

邀请家长收集幼儿或成人好心办坏事（与意外安全事故相关）的真实事例。在一日过渡环节或相关主题活动中，邀请幼儿讲述并展开讨论，在肯定幼儿利他行为的同时引导幼儿提出更好的建议，保护幼儿的自尊心和自信心。

2. 游戏活动

引导幼儿在户外或室内利用现有材料（废纸通、易拉罐等）和工具开展防磕碰的游戏活动，在不接触人为设置障碍的情况下完成简单的搬运工作（如用勺子运球），掌握防磕碰的动作要领和注意事项。

（七）参考资源

[加]卡彤．小兔子爱帮忙[M]．一诚，译．北京：新星出版社，2018.

大班活动 3：爸妈不在家

（一）活动背景

随着自主性和独立性的发展，大班幼儿对未知事物的好奇心日渐增强，经常尝试模仿成人，探索生活中常见的一些现象和事物。但是诸如火、蒸汽、电等常隐含不可控的危险，幼儿对这些危险缺乏预判和掌控能力，易造成严重后果。考虑到大班幼儿正处于各种学习经验积累和结构化的重要阶段，针对幼儿的学习和探究兴趣，教师需要从贴近幼儿日常生活的事件入手，同幼儿进行深入的交流和互动，让幼儿明白日常事物背后隐藏的烧烫伤风险以及主要成因，了解烧烫伤一旦发生，第一时间该采取的处理方式。

（二）活动目标

第一，对参与危险物品探索实验感兴趣，愿意根据教师的指导认真观察和体验。

第二，知道未经大人允许，不触碰家里的热水壶、打火机等危险物品。

第三，掌握一些基本的烫伤烧伤处理方法。

第四，能准确地发现并指出危险物品。

(三)活动准备

第一，幼儿独自在家触碰热水发生意外的视频、打火机、火柴、蜡烛、热水壶、禁止触摸的贴纸、家庭室内环境图片(要突出常见的火源和热源)。

第二，幼儿见过家中包含火源或热源的物体，知道它们的用途。

(四)活动过程

1. 播放视频，教导幼儿烫伤会对身体造成危害

(1)观看视频，展开讨论，找到事故发生点。

师：小朋友们，你在视频里看到了什么？这个意外是怎么发生的？

(2)观看烫伤后的图片，电话连线医生(医生可以由园所保健医生或有相关专业知识的教师装扮)，向医生大胆提问烫伤后会怎么样以及其他想知道的问题。

小结：烫伤后会很疼，严重的会留下疤痕，必须得到医生的治疗。

2. 组织幼儿开展情景游戏，让幼儿懂得不独自触碰家里容易烫伤自己的物品

(1)初步感知热源和火源的危险。

问题1：你们知道这些东西是做什么用的吗？点燃后你们有什么感受？

教师出示并操作打火机、火柴、蜡烛、烧水壶，引导幼儿在安全距离内感受火苗和水蒸汽的热量。

提问：你们还知道家里的哪些东西也可以发热或有蒸汽？

问题2：火焰、热水或蒸汽接触到人的皮肤会发生什么样的情况？

教师出示被烫伤的皮肤的图片，引导幼儿表达自己的感受。

小结：对于家里的热源，小朋友自己是不能触碰的。

(2)开展游戏“危险消消乐”，找寻家里的危险点。

教师出示家中环境的图片，幼儿分两组比赛，找出可能存在热源或火源的地方，并贴上禁止触摸的贴纸。

幼儿集体验证，说说这里可能发生什么危险，还有哪里不能独自触碰。

3. 组织幼儿开展游戏“我是小小急救员”，学会自我防护

（1）提问：烫伤了怎么办呢?

幼儿观看视频，知道烫伤后自我救护的方法。

（2）情境模拟，练习冷水浸泡、呼叫大人帮忙等自救方法。

（五）活动评价

幼儿能够清楚描述出人被烧烫伤的原因和后果；能指出生活中常见的可能会导致烧烫伤的场景和物品；知道万一被烧烫伤后，最重要的是冷静地向大人求助，第一时间采用简单的自救方式处理。

（六）活动延伸

1. 区域美术活动

利用彩色笔和彩色纸，绘制“禁止触摸”“小心烫伤”等符号标识，并将其张贴在相应的位置。

2. 区域科学活动

围绕如何让一杯热水降温，探索不同的降温方式，比较哪一种方式降温最快、最方便。

（七）参考资源

1. 警示标识

“注意高温，小心烫伤”“禁止触摸”“电源危险”等标志。

2. 阅读资料

任小霞．好味道的友情汤：烫伤了[M]．北京：中国人口出版社，2018.

大班活动4：爱逞能的牛牛

（一）活动背景

大班幼儿随着肢体运动能力和自尊心的增强，有了争强好胜的心理，喜欢向别人展示自己的独特能力，渴望得到别人的赞赏。对于一些幼儿而言，常规的体育活动常常满足不了他们挑战自我的愿望。不少大班幼儿会借助室内外设施尝试一些危险的动作，稍有不慎就有可能摔伤。针对大班幼儿这一特点，教师可以引导幼儿在成人的保护下，借助安全的设施设备，适当满足其挑战自我的心理，知道逞强行为可能给自己和他人带来的伤害，理解日常生活中常见的行为规范标识的意义，愿意主动遵守相关安全行为规则，并能自觉提醒他人可能存在的危险，及时向成人报告发现的危险行为和情况。

（二）活动目标

第一，对故事感兴趣，并能指出故事主人公鲁莽的行为。

第二，知道未经大人同意或没有大人看护，不去做攀爬跳跃等冒险行为。

第三，能认识生活中一些防摔标识，并自觉遵守。

第四，知道运动时注意安全，不逞能，也不推挤别人。

（三）活动准备

第一，幼儿园园内活动场景图(突出各类设施设备)、防摔标识贴纸、禁止攀爬贴纸。

第二，幼儿见过别人摔倒摔伤的情况，或自己有摔倒摔伤的经历；有挑战自己的愿望和经历。

（四）活动过程

1. 用故事引入，让幼儿懂得一些冒险的动作会伤害到自己

师：小朋友们，前段时间老师看到有一个小朋友跑得太快，摔倒受伤了，蹭破了皮，疼得直哭鼻子。你们摔倒过吗？除了走路不注意会摔跤，大家还知道在什么时候也有可能会摔跤受伤？

教师引出故事“爱逞能的牛牛”，让幼儿指出牛牛在哪些方面做得不对。

师：今天我给小朋友带来一个故事，叫“爱逞能的牛牛”。

牛牛是个小男孩，最大的特点就是爱逞能。他觉得很多自己能做的事情，其他小朋友都不敢做。他认为自己很了不起，很勇敢。一天，牛牛来到幼儿园，看到院子里的树上有个风筝，其他小朋友够不着。他马上大喊：“我行，我来拿。”结果牛牛爬到一半，一不小心从树上掉下来了，一屁股坐在地上，疼得龇牙咧嘴。在玩滑梯的时间，小朋友们一个个排着队，准备滑滑梯。轮到牛牛了，牛牛说：“你们看，我能倒着滑。”于是，他脑袋朝下，滑了下去。只听“扑通”一声，他摔倒在了地上，脸上都是泥土，脑袋上还起了包，疼得他掉下了眼泪。

户外活动结束了，大家要回到教室，可牛牛却站在大门口的台阶上冲大家喊：“快看我，我可以从这么高的地方跳下去。”结果，牛牛跳下去后没有站稳，又狠狠地摔倒在了地上，手上也蹭破了皮。故事讲完了，大家觉得牛牛勇敢吗？

讨论：牛牛做了哪些危险的事情，结果怎样。

2. 引导幼儿分辨图片，知道要远离易摔伤的地方

教师出示幼儿园园内活动场景图，引导幼儿辨别哪些场景和地方容易让人摔伤，找出并贴上防摔和禁止攀爬的贴纸。

教师出示幼儿喜欢去的游乐场、公园的图片，引导幼儿讨论哪些地方容易摔伤，贴上相应的标志。

师：小朋友们还知道在什么情况下人容易摔伤吗？

3. 引领幼儿学习摔伤后简单的自救方法

师：如果发现容易摔伤的地方，我们该怎么办？

教师出示场景图片，幼儿分组模拟遇到这些场景时正确的做法：绕行、不攀爬、不跳跃、竖起警示标志……

讨论：如果见到别人有一些危险的行为，自己该如何做。

幼儿绘制防止摔伤的标志，在幼儿园危险的地方贴上自己制作的标志。

（五）活动评价

幼儿能够参考故事中的内容，描述出生活中存在的类似情境，并指出其中存在的问题；能够指出生活中其他常见的易摔伤的情境，知道遇到类似的情况该怎么做。

（六）活动延伸

1. 亲子活动

邀请家长和幼儿一起阅读《爱逞能的树袋熊》，让幼儿体会做与自己能力不相称的事情可能会给自己和他人带来的伤害或麻烦，向同伴分享自己的阅读心得。

2. 美术活动

指导幼儿绘制“禁止攀爬”“不要从高处跳下”“小心防滑”等警示标识。

（七）参考资源

[韩]李钟恩．玩的时候我守规矩[M]．李琼兰，译．桂林：广西师范大学出版社，2016.

大班活动5：不会游泳的长颈鹿先生

（一）活动背景

大班幼儿对溺水问题已经有了一定的感性认识，知道遵守一些基本的安全规则，但爱冒险、爱挑战的心理特征使得他们容易沉浸在戏水的乐趣中，忽略可能存在的风险。由于大班幼儿在体能方面已经有了一定发展，因此在防溺水教育方面，除了进一步增强幼儿自我防护的能力外，还要强化其对预防溺水的理性认识，如溺水导致的严重后果等，使幼儿知道如何做好预防溺水措施，逐步由被动防护转变为主动防护。

（二）活动目标

第一，知道一些预防溺水的方法。

第二，知道玩水前应自觉穿戴好救生衣。

第三，能主动参与对故事情节的讨论。

第四，能自觉遵守玩水的规则，知道玩水前应征得大人同意。

（三）活动准备

长颈鹿、大象、斑马、猴子卡通形象制作的PPT。

（四）活动过程

1. 故事引入，让幼儿知道水里其实有很多危险

师：森林里有一条特别清的河。夏天来了，长颈鹿热得难受，特别想去河里凉快凉快，可是它也不知道河里有什么，你们知道吗？

讨论：你看到河里有什么？当人遇到这种情况时，会怎么样？

小结：河里有小鱼，有很多会缠住人的水草，有淤泥，有深深的水洞，还可能有坚硬、锋利的石头，而且不是每个地方都像看起来那么浅。

2. 引导幼儿从故事中推断动物溺水的情况

师：这时岸边来了很多的动物，都想去水里凉快一下。可它们都不会游泳。

小朋友们想想，哪些动物下了水可能会被水淹没，如何能让动物们安全地在水中玩。

讨论和演示：将不同卡通动物放置于河中的不同位置，让幼儿思考和讨论，动物为什么会被水淹没，如何避免溺水。

小结：水深和动物身高决定了动物是否会被水淹没。可以让最高的长颈鹿去测试水的深度，以此判断哪些地方适合哪些动物戏水。

3. 引导幼儿从故事中总结出戏水前需要做的准备工作，了解一些防溺水的方法，懂得保护自己

师：小朋友们，如果我们不知道水的深浅，可以不可以去水边玩呢？

讨论：面对未知的水域，需要征得大人同意；玩水前应该判断水的深浅，做好必要的防护。

小结：辨别一组图片，给做了安全防护的图片贴上笑脸；出示泳衣、救生圈等实物，找一找哪些物品是玩水时可以用到的安全防护用品。

4. 通过讨论，让幼儿知道遇到溺水的人可以通过呼救寻求帮助

师：要是看到有人溺水了，该怎么办呢？

小结：看到有人溺水，小朋友可以及时告诉大人，请大人帮忙救护，自己是不能去救的。

自制宣传海报，去给中班和小班的弟弟妹妹做宣传。

（五）活动评价

幼儿能够说出判断水深浅、危险与否的理由；指出故事主人公存在的安全行为问题，并迁移到对自身过往戏水行为的反思，指出以往个人存在的一些不当行为；知道自己在玩水前需要做好什么准备，并能说出这些准备能够给自己提供什么样的帮助。

（六）活动延伸

科学区活动：猜猜水的深浅。准备桶和盆以及不同高度的动物模型，在盆里倒上水，让幼儿猜猜倒入不同量的水时哪一个高度的动物刚刚和水一样深，从而感知肉眼所看到的水的深度比真实的要浅，以此来警示幼儿不要随意进入看似浅的陌生水域。

阅读《山羊学游泳》《小鸭子学游泳》等绘本，丰富对游泳的认识，体会学习游泳的辛苦和复杂，能够更谨慎地对待未知水域。

（七）参考资源

[德]内尔・莫斯特，[德]皮特尔・库斯特赖希．山羊学游泳[M]．张清泉，译．北京：外语教学与研究出版社，2013.

潘小庆．小鸭子学游泳[M]．北京：清华大学出版社，2014.

五、 主题单元幼儿表现评估

主题____________________

班级________　　幼儿姓名______________　　教师姓名____________

评价者______　　日期____________

评估准则：完全掌握或做到为4分；有时掌握或做到为3分；初步掌握或做到为2分；暂未掌握或做到为1分。

表1　大班意外伤害单元幼儿表现评估

学习目标	具体表现	1分	2分	3分	4分
知道养成自我防护习惯的重要性					
能够认真听取并重视成人提出的行为规范要求					
能拨打紧急电话，并清楚、准确地向专业救援人员传递关键求救信息					
能掌握并运用一些基本的自救方法					
能够对生活中常见的危险情境保持警觉，并自觉遵守相关安全规则					

大班心理健康

一、 主题单元背景资料

心理健康和身体健康有着密不可分的关系。随着人们对健康认识的深入，心理健康也成为衡量一个人健康与否的指标。幼儿期是身心健康发展的奠基时期。大班幼儿能感受到成人的情感，产生强烈的道德体验，是非感、集体感、友谊感等趋于稳定，自我调节能力、合作能力、社会交往能力及问题解决能力明显提高，规则意识不断增强。许多成人的心理障碍或心理疾病的产生原因都可以追溯到幼儿期。忽视这个时期的心理发展，对出现的心理问题未加关注或引导，容易导致幼儿将负面情绪隐藏于内心，影响其今后的成长。

本主题从正面引导出发，以游戏体验等形式引导幼儿正确认识自我，获得消极情绪的排解方法，保持有利于心理健康的情绪和态度，提升幸福感，从而促进其心理健康发展。

二、 主题单元目标

第一，知道自己的优缺点，能正确评价自己。

第二，能正确表达自己的情绪，并用合适的方法调节消极情绪。

第三，会用正确的方法与人交往，感受合作带来的快乐。

第四，体验经过努力获得自信心和成功的喜悦。

第五，体会父母养育的辛苦，能大胆表达自己对父母的爱。

三、主题单元环境创设

(一)墙饰创设

根据本主题的目标与内容，结合大班幼儿的兴趣，遵循可操作、互动性的原则，在幼儿可动手操作的高度，创设“了不起的我”的大主题板块，以问题为线索，设置三个小主题板块。

1. 独特的我

结合大班幼儿对自我的认知，展示幼儿对自己优缺点的分析记录；帮助幼儿正视自己的缺点，记录改正缺点的方法；利用添画的方式，帮助幼儿发现同伴的优点(见大班活动1“扬长补短”)。

2. 我有办法

根据主题目标，从情绪处理、挫折处理、交往技巧三个方面进行展示，并通过不断添加好方法的形式与幼儿互动，让幼儿知道面对不一样的问题有多种解决方法，学会选择适合自己的方式处理问题(见大班活动2“我生气了”、大班活动3“挫折我不怕”、大班活动4“合作力量大”)。

3. 我会爱

借由主题活动帮助幼儿发现隐藏的爱，并能用多种方式表达爱，也可以采用图片、调查表等多种形式发现周边熟悉的人对自己的爱(见大班活动5“爸爸爱我”)。

(二)区域活动

1. 阅读区

(1)提供关于认识自我的绘本(如《大脚丫跳芭蕾》《长颈鹿不会跳舞》等)，关于情绪、挫折、交往等的绘本(如《生气汤》《小猪变形记》《我变成一只喷火龙了》《没有你，我怎么办?》等)，关于爱的绘本(如《我的妈妈真麻烦》《爷爷一定有办法》等)，供幼儿进一步认识自己，找到解决问题的方法，感受不同的爱的表达方式。

(2)提供纸、笔，供幼儿记录绘本中的方法，并且记录自己的想法。

2. 益智区

(1)提供有一定难度的游戏。

(2)提供需要合作的游戏，如棋类游戏。

3. 角色扮演区

提供互动小社区，让幼儿在角色扮演中掌握与人交往的方法。

（三）班级文化

1. 情感交流，形成健康的自我意识

由于幼儿的生长环境和发展水平存在差异，因此教师在心理健康教育中，应该尊重幼儿的选择，使幼儿感知自己是被尊重的。在这样的氛围中，幼儿更容易树立自信，对成功与挫折都能坦然接受。幼儿往往十分注重教师的评价。因此，教师在评价的时候需要尊重个体差异，聆听幼儿的想法，以积极正面的引导为主，善于发现幼儿的闪光点，引导幼儿形成健康的自我意识。

2. 聆听分享，积累智慧的解决方法

虽然大班幼儿的情绪逐渐趋于稳定，但遇到困难、挫折时，他们还是会呈现出消极状态。教师可以针对班级中的问题确定主题，或在日常教育中发现有价值的情境，并以此为契机，引导幼儿讨论问题解决方法，积极与同伴分享、交流，梳理有关调整消极情绪的方法、应对挫折的策略、与同伴相处的智慧，在感受与体验、聆听与欣赏、表达与表现的过程中学会体谅、学会宽容、学会爱。

四、 主题单元教育活动方案

大班活动 1：扬长补短

（一）活动背景

大班幼儿的自我评价水平逐渐提高，但由于幼儿还是以自我为中心的，很少会看到和体会到别人的社会观点，因此他们的自我评价总是比较高。受到语言和认知的限制，幼儿在表述时只会用“乖”“表现好”或者成人经常强调好行为的标准词语来描述自己。此次教学活动目的在于帮助幼儿更好地认识自己，喜欢自己的优点，接纳自己的不足。

（二）活动目标

第一，明白任何人都不是完美的，都是有缺点的。

第二，能准确地表述自己的想法。

第三，喜欢自己的长处，承认自己的短处，懂得扬长补短。

（三）活动准备

扬长补短朋友表、人手一张卡、记号笔、故事课件。

（四）活动过程

1. 绘本引题，引导幼儿感知每个人都有自己的长处和短处

师幼一起阅读绘本《如果我能够……》。

师幼一起讨论谁最厉害，为什么。

小结：每个人都不完美，都有自己的长处和短处。

2. 联系自身，引导幼儿正确认识自己的长处和短处

交流：什么是长处，什么是短处。

师幼分享自己的长处和短处。

小结：用我们的长处来帮助别人，我们的短处可以请别人帮忙。我们可以用一个成语“扬长补短”来表达。

3. 实践操作，引导幼儿进一步感知扬长补短

教师介绍“扬长补短朋友表”的用处：展示我们班小朋友的长处，有什么困难，可以在这里找到帮助你的人。

幼儿列出自己的长处，并张贴在表中。

教师介绍“扬长补短朋友表”的用法：谁帮助了你，你就在他的卡后贴上笑脸，还要说一声“谢谢”。学期结束时，谁的笑脸多，谁就是“爱心大使”。

（五）活动评价

大班幼儿的自我评价开始显现出独立性。活动以绘本为载体，让幼儿感知每个人都有自己的长处和短处，通过讨论交流，找到扬长避短的方法，并利用表格将这些思想转换成为行为，对大班幼儿形成健康的心理具有促进作用。在活动中，教师需要观察幼儿对自己的优点和缺点的表述是否客观。

（六）活动延伸

（1）在日常活动中发现幼儿之间互相帮助的行为，及时提醒幼儿张贴笑脸，并选择部分事件进行分享。

（2）家园联系，建议家长和幼儿使用“扬长补短朋友表”，激发幼儿的自信心。

（七）参考资源

[德]卡伦·霍尔兰德．如果我能够……[M]．[德]蒂洛·克拉普，绘．于善英，译．天津：新蕾出版社，2012.

[美]埃米·扬．大脚丫跳芭蕾[M]．柯倩华，译．石家庄：河北教育出版社，2007.

[英]露丝·盖乐薇．笨拙的螃蟹[M]．史大胜，代冬梅，译．北京：中国人口出版社，2007.

大班活动2：我生气了

（一）活动背景

大班幼儿已经具备自我调节能力，但情绪具有不稳定性，容易受外界影响。因此，教师要帮助幼儿形成初步的情绪调控能力，引导幼儿在识别、感知自己和他人情绪的基础上知道事件、心情和表情之间的关系，学习调节和控制自己的情绪，用正确的方式表达情绪。

（二）活动目标

第一，知道生气是不良情绪的表现方式，是正常的现象。

第二，知道一些应对生气的适宜方法。

第三，体验摆脱生气后的快乐。

（三）活动准备

绘本《生气的亚瑟》课件、人手一支记号笔、若干方形手工纸、气球、打气筒。

（四）活动过程

1. 绘本引题，引导幼儿感知生气

师幼一起观看绘本《生气的亚瑟》，交流亚瑟怎么了，你是怎么知道的。

小结：我们发现人生气时的表情、动作、语言，都与平时不一样。

2. 联系自身，引导幼儿感知每个人都会生气

师：你们有没有像亚瑟一样遇到过一些让自己非常生气的事情呢？都是一些什么事情？

小结：原来，生活中有很多事情会让我们生气，有的来自生活，有的来自学习，还有的来自和其他人的交往。每个人都会遇到让自己生气的事，不光你们会遇到，老师也会遇到，你们的爸爸妈妈也会遇到。

3. 实践操作，引导幼儿了解消气的必要性和方法

阅读绘本，了解生气的危害。

借助打气球实验来理解充气与释放的过程。

分组讨论：能不能帮助亚瑟想一些既方便又文明的消气好办法。

各组代表上来介绍好办法，然后选择 3~4 种有代表性的好办法进行表演。

小结：帮助别人赶走怒气、找回快乐的办法可以是带他吃点好吃的、看点好看的、听点好听的、玩点好玩的。

4. 内化延伸，引导幼儿体验成功消气的快乐

展示亚瑟开心的笑脸：小朋友们真是乐于助人的好孩子，现在的亚瑟在大家的帮助下怎么样了？

分享消气的办法：把最生气的事情画在这张纸上，把这张纸折成一架飞机，让这架飞机把怒气带走。你们想不想来试一试这个办法？

幼儿带上纸飞机到操场上，把“生气”丢得远远的。

（五）活动评价

情绪调节是在情绪识别的基础上进行的。活动借助绘本故事，让幼儿了解生气是一种正常的情绪，从情绪识别—情绪表达—情绪调节—共情，逐步帮助幼儿用正确的方法面对生气。在表述生气时，是否能在识别、感知自己和他人情绪的基础上知道事件、心情和表情之间的关系，在表述消气的方法时，能否用正确的方式表达消极情绪，成为此次活动的观察要点。

（六）活动延伸

将活动中的消气方法汇总图张贴在幼儿互动墙上，鼓励幼儿继续补充新的方法，或者使用其中的方法后进行记录。

创设“消气屋”，提供毛绒玩具、纸笔、音乐盒子等，让幼儿不开心的时候发泄消极情绪。

（七）参考资源

[美]贝西·艾芙瑞．生气汤[M]．柯倩华，译．济南：明天出版社，2008.

[美]莫莉·卞．菲菲生气了[M]．李坤珊，译．石家庄：河北教育出版社，2009.

[美]凯文·亨克斯．我好担心[M]．方素珍，译．石家庄：河北教育出版社，2013.

大班活动 3：挫折我不怕

（一）活动背景

随着幼儿生活圈和社会交往范围的扩大，幼儿面临更多的挑战，从而产生更多的受挫、无力等负面情绪。大班幼儿要适当接受一些挫折教育，这样才能懂得如何面对挫折、失败、困难，从而更好地提升解决问题的能力，学会自我调节，拥有较强的心理承受能力。幼儿往往通过游戏感知、实践体验才能更加清楚地意识到是非对错。本次活动借由游戏情境的创设，让幼儿积累多种战胜挫折的方法，并体验战胜挫折后的喜悦。

（二）活动目标

第一，能运用不同的方法调节受到挫折后的负面情绪。

第二，感受战胜困难、挫折后的快乐。

（三）活动准备

弹珠、筷子、碗、绘本《蒂比试一试》PPT、教师或者家长失败的视频、人手一支记号笔、若干方形手工纸。

（四）活动过程

1. 游戏体验，让幼儿感受受到挫折时的心情

夹弹珠比赛，赛后胜利的幼儿和失败的幼儿分别分享心情。

观看教师或者家长失败的视频。

小结：生活中我们每一个人都会遇到挫折。遇到挫折时，我们会感到伤心、难过、遗憾、失落，这是很正常的情绪表现。

2. 联系经验，引导幼儿交流应对挫折的办法

交流：平时遇到过什么样的挫折，遭遇挫折后有什么样的感受。

小结：生活中我们会遇到许多挫折，如失败、不被认可等。挫折能让我们更清楚自己的缺点或者不足，努力去改变自己，更好地成长。

交流应对挫折的重要性：如果没有解决挫折，把不良情绪藏在心里，那么会影响人的身心健康。我们怎样才能战胜挫折呢？

出示绘本《蒂比试一试》，小结应对挫折的方法：快乐地接受挫折，鼓励自己，想办法面对困难，不放弃。

3. 游戏体验，让幼儿体验成功的快乐

重新玩夹弹珠游戏，再次体验。

游戏后反馈。

（五）活动评价

此次活动采用游戏体验的方式让幼儿表达真实的情绪，采用经验交流与绘本阅读的方式让幼儿掌握一些面对挫折的办法，并通过游戏进行验证。教师可以观察幼儿在游戏失败时能否乐观地接受失败，在失败后能否再次积极尝试，直到成功。

（六）活动延伸

将活动中战胜挫折的方法汇总图张贴在互动墙上，鼓励幼儿继续补充新的方法，或者使用其中的方法后进行记录。

家园联系，建议家长有意识地让孩子遭受一些挫折，并鼓励其再次积极尝试，直至成功。

（七）参考资源

[美]迪洛丝·乔丹，[美]萝丝琳·M. 乔丹，[美]卡迪尔·尼尔森. 鞋子里的盐[M]. 柯倩华，译. 北京：北京联合出版公司，2012.

[日]宫川比吕，[日]藤田阳生子. 没有人怪你[M]. 朱燕翔，译. 石家庄：河北教育出版社，2015.

[美]奥黛丽·潘恩，[美]芭芭拉·雷纳德·吉布森．完美的回忆[M]．刘丽丽，译．北京：北京联合出版公司，2016.

肖定丽．金黄色的一天[M]．郑州：海燕出版社，2008.

大班活动4：合作力量大

（一）活动背景

5~6岁正是幼儿合作能力发展的关键期，也是各种合作素质形成的关键期，但由于种种因素，幼儿的自我中心理念较为强烈，加上生活环境中缺乏合作的机会，导致幼儿缺乏合作意识，部分幼儿甚至有攻击性行为，愿意求助教师但不会相互帮助，不愿意和同伴一起玩。本教学活动希望通过创设宽松、自由的氛围，培养幼儿分享、容纳、商量等合作能力，引导幼儿发现合作的好处。

（二）活动目标

第一，能通过共同协商、分享经验等方法完成任务，知道生活中处处有合作。

第二，体验合作带来成功后的快乐。

（三）活动准备

第一，绳子、棋类、PV管、球、生活中合作做事的图片。

第二，幼儿玩过“两人三足”等体育游戏。

（四）活动过程

1. 两人三足，引导幼儿感知合作的重要性

开展游戏“两人三足”，体验后交流为什么速度这么快(慢)。

小结：原来在游戏中只有两个人合作好了，才能很好地完成任务。

2. 结合图片，引导幼儿了解合作无处不在

出示多幅图画，说说他们合作完成了哪些事情，他们为什么要合作。

小结：其实我们的生活离不开合作，生活中处处有合作。游戏时，我们需要一起玩才能玩得开心；生活中，我们需要有人帮忙才能更便利；学习上，我们需要一起分享才能学得更多。原来那些一个人做不了的事，几个人合作就可以做好了，而且和别人合作时我们能感受到自己的力量。原来合作有这么多好

处呀!

3. 实践操作,引导幼儿发现合作的方法

幼儿自主玩下棋等游戏,体验合作。

教师巡回观察并适当指导(可选择性拍照,保证每种器械都有)。

幼儿集中交流合作玩游戏的感受,教师现场播放照片。

小结:合作是一起想办法,合作是一起商量,合作是允许同伴有不同想法,合作力量大。

(五)活动评价

懂得合作的幼儿能更好更快地适应集体生活,并发挥积极作用。由此可见,合作可以帮助幼儿建立良好的归属感,提高社会适应能力,从而帮助幼儿更好地面对生活。幼儿期的合作能力往往是在游戏中培养的。本次活动通过能体现合作的游戏“两人三足”,让幼儿体验合作的重要性,并由此拓展到生活和学习中合作的更多内容,再次通过游戏让幼儿了解合作的方法,发展幼儿的合作意识和能力。教师需要关注幼儿在游戏时是否能认真倾听同伴的建议,是否能积极参与其中,是否能尊重能力弱的幼儿。

(六)活动延伸

一日生活蕴含着不同的合作契机。教师在科学、合理地组织一日活动的基础上,提供同伴合作学习和游戏的机会,在实践中让幼儿学会合作,如餐前的准备工作、玩具的整理、起床合作叠被子等生活活动,一起拼图、玩接力赛等游戏活动,合作制订计划、合作作画等教学活动。

家园合作,建议家长让幼儿参与做家务,创造与幼儿一起玩的机会等。

(七)参考资源

[日]田村茂．蚂蚁和西瓜[M]．蒲蒲兰,译．南昌:二十一世纪出版社,2005.

[意]伊拉里亚・安东尼尼,[意]芭芭拉・巴尔杜齐,[意]马尔科・斯卡尔乔内．路上有块大石头[M]．北京:新星出版社,2018.

大班活动 5：爸爸爱我

（一）活动背景

爸爸常常象征着一种勇敢、进取、拼搏的力量，对幼儿性格的塑造、完善起着很大的作用。大班幼儿容易受外界影响和支配，具有易受感染和暗示等特点。此次教学活动运用亲身感知、思维碰撞等多种形式，让幼儿感受爸爸独特的爱。

（二）活动目标

第一，理解爸爸表达爱的不同方式，感知爸爸独特的爱。

第二，愿意用多种方式表达自己对爸爸的爱。

（三）活动准备

第一，提供爸爸与孩子的视频、爸爸工作的照片。

第二，提供体现爸爸特有的爱的事，体现爸爸细腻的爱的事。

（四）活动过程

1. 谈话引题，引发幼儿对爸爸的回忆

交流：在家里，谁陪你的时间多，爸爸会陪你做些什么事。

2. 辩论游戏，引导幼儿感受爸爸的爱

辩论一：观看视频“跳绳”。

辩论二：出示图片“自己爬山”。

辩论三：出示图片“独立找书”。

小结：爸爸用自己独特的方式爱着你们。跳绳不会时一定要你再跳，让你学会了坚持；爬山时不抱你，让你学会了勇敢；书柜前不帮你拿书，让你学会了独立：原来爸爸是这样爱你们的。

3. 联系实际，激发幼儿表达对爸爸的爱

(1)感知理解爸爸的爱：爸爸为你做了哪些事情。

小结：爸爸让你们骑在他的肩膀上，陪你们一起做飞机模型，带你们一起游泳，把你们高高地举起来，这些都是爸爸特有的爱。爸爸还会陪你们一起画画、做手工，带你们去各种各样的地方旅游，帮你们剪指甲，给你们洗脚……

有时候爸爸的爱就跟妈妈的爱一样细腻、温暖。

(2)教师播放爸爸工作的照片

小结：爸爸每天都要辛勤工作，在天还没有亮的时候就去上班了；夜深了，你们都已经睡了，可是爸爸还站在仪器前工作着；雪花漫天飞舞，爸爸还是一如既往地工作着。爸爸每天都辛勤地工作着，虽然很累，但从不会对你们说。

(3)表达对爸爸的爱

其实爸爸的爱一点都不会比妈妈少，我们也应该对爸爸表达我们的爱。你想怎么做?

小结：我们可以自己的事情自己做，帮爸爸做力所能及的事，亲手制作礼物送给爸爸，在爸爸累的时候帮爸爸捶捶背、抱抱爸爸、亲亲爸爸，跟爸爸说“我爱你”，你愿意吗?愿意的话，从今天晚上开始哦!

(五)活动评价

幼儿有时候没办法理解爸爸的爱。活动通过回忆、讨论等多种形式，让幼儿对爸爸不一样的爱的表达形式进行解析，理解爸爸也是爱我们的。教师观察幼儿在表述对爸爸的爱时，能否读懂爸爸行为背后的爱，能否感受到爸爸的辛苦，是否愿意用语言、行动等来表达自己对爸爸的爱。

(六)活动延伸

(1)在角色区中，指导扮演爸爸的幼儿根据爸爸的职业进行游戏，扮演宝宝的幼儿对爸爸表达爱；在美工区，指导幼儿为爸爸制作礼物。

(2)家园合作，开展“父亲节”活动。

(七)参考资源

[英]安东尼·布朗．我爸爸[M]．余治莹，译．石家庄：河北教育出版社，2007.

童年美术设计有限公司．猪宝贝的快乐生日[M]．长沙：湖南少年儿童出版社，2010.

[法]阿诺·阿梅哈，[法]侯邦．有些时候，我特别喜欢爸爸[M]．尉迟秀，译．济南：明天出版社，2013.

[英]安东尼·布朗．大猩猩[M]．林良，译．石家庄：河北教育出版

社，2007.

[英]凯特·格林威．像爸爸一样[M]．林昕，译．上海：上海文化出版社，2018.

[美]艾瑞·卡尔．爸爸，我要月亮[M]．林良，译．济南：明天出版社，2011.

[美]莉兹·克里莫．我和老爸[M]．周高逸，译．武汉：长江少年儿童出版社，2016.

[英]芭贝·柯尔文．我的爸爸真麻烦[M]．曙光，译．北京：中国电力出版社，2009.

五、 主题单元幼儿表现评估

主题____________________

班级________ 幼儿姓名______________ 教师姓名____________

评价者______ 日期____________

评估准则：完全掌握或做到为 4 分；有时掌握或做到为 3 分；初步掌握或做到为 2 分；暂未掌握或做到为 1 分。

表 2 大班心理健康单元幼儿表现评估

学习目标	具体表现	1 分	2 分	3 分	4 分
知道自己的优缺点，能正确评价自己					
能正确表达自己的情绪，并用合适的方法调节消极情绪					
会用正确的方法与人交往，感受合作带来的快乐					
体验经过努力获得成功后的喜悦和自信					
体会父母养育的辛苦，能大胆表达自己对父母的爱					

大班消防安全

一、 主题单元背景资料

幼儿教育的首要问题是安全，只有在确保幼儿安全的基础上，才能促进幼儿健康成长、全面发展。《幼儿园教育指导纲要(试行)》强调“幼儿园必须把保护幼儿的生命和促进幼儿的健康放在工作的首位”。也就是说，幼儿安全是一切发展的保障，只有在幼儿生命安全的基础上才能保证其身心健康发展。让幼儿知道必要的安全常识，学会保护自己非常重要。大班幼儿随着年龄的增长，独立自主意识有所提高，明辨是非的能力也越来越强，但是面对生活中不常见的火灾，仍会感到害怕、恐惧。开展消防安全系列活动旨在帮助幼儿掌握防火常识，认识消防标志，了解消防员的工作，从而在遇到火灾时能够及时报警并采用正确的方法自救。

本主题单元结合大班幼儿的年龄特点，设计更贴近生活的主题活动，如设计火灾隐患检查表、消防安全标志、逃生路线等，借助多种音频、视频资源，充分利用环境创设，帮助幼儿了解逃生方法，掌握消防安全常识，促进自我保护意识和集体保护意识的提高。

二、 主题单元目标

第一，理解消防标志的作用，能够发挥想象力、创造力和动手操作能力，尝试为幼儿园和家庭设计并补充消防标志。

第二，认识和感知消防工具，初步了解火灾扑救措施。

第三，知道消防员勤学苦练、不怕困难，激发对消防员尊重、关爱的情感。

第四，树立消防意识、自我保护意识和集体意识。

第五，认识简单的安全疏散图，能够初步设计安全逃生路线图，掌握有序逃生的方法。

第六，通过小组讨论，总结出幼儿园及家中火灾的检查步骤，并尝试设计检查表。

三、 主题单元环境创设

（一）墙饰创设

墙饰创设根据本主题的目标与内容，结合大班幼儿的年龄特点，以展示幼儿作品为主，分为“消防安全我知道”和“消防站的工作”两大主题板块。

1. 消防安全我知道

此板块主要体现防火常识和消防安全标志两方面的内容。

将幼儿绘画或者拍摄的安全隐患和设计的消防禁止标志粘贴于此，并请幼儿说一说其含义。

2. 消防站的工作

此板块主要体现幼儿对消防站的了解。

(1)我心中的消防员叔叔。

幼儿通过绘画、制作手工作品来体现心目中消防员叔叔的样子。

(2)消防站的样子。

幼儿通过绘画、制作手工作品来体现对消防站的不同认识。

(3)我来设计消防车。

幼儿通过绘画、制作手工作品，结合对消防车的了解设计消防车并介绍消防车的功能。

（二）区域活动

1. 娃娃家

提供与消防安全相关的玩具，如电话、毛巾、安全帽、玩具等，供幼儿在此区域中参与预防火灾、火灾逃生的游戏。

2. 角色扮演区

提供消防安全的音频或视频，供幼儿自主选择和欣赏。

提供故事情境、消防员装备、电话等玩具材料，供幼儿表演使用。

鼓励幼儿将娃娃家与角色扮演区的材料相结合，为幼儿创设更为丰富的游戏环境。

3. 益智区或建构区

提供拼插玩具，鼓励幼儿搭建与消防安全相关的人物、标志。

4. 语言区

提供适合大班幼儿阅读的消防安全绘本，供幼儿阅读。

5. 美工区

提供适合大班幼儿使用的各种手工材料，供幼儿创作。

（三）班级文化

1. 引导幼儿关注防火知识，初步建立消防安全责任意识

大班幼儿的社会性不断发展。教师可以从幼儿身边的现象出发，通过墙面展示和区域活动，使幼儿将自己理解的消防安全用图画、摄影的形式表达出来，继而通过观看视频、游戏、即时互动、演习等方式，使幼儿关注安全隐患内容和消防禁止标志，敢于制止危险行为，树立消防安全责任意识。

2. 促进幼儿进一步感知消防工作，掌握火灾逃生的方法，树立自我保护意识

帮助大班幼儿了解消防员的日常工作，认识消防车的作用，有助于培养幼儿的共情能力，也能够培养幼儿勇敢、不怕危险的良好品质；帮助幼儿进一步掌握火灾逃生方法，可以使幼儿在面对危险时能够沉着、冷静应对。利用消防站等社会资源对幼儿进行教育，辅以谈话、演习等形式，能够使幼儿从消防员工作的角度了解消防安全知识，培养消防安全意识，掌握自我保护方法。

四、 主题单元教育活动方案

大班活动1：火灾预防指南

（一）活动背景

做好火灾预防工作，能够尽可能地保护人、财、物的安全，减少损失。随着年龄的增长，大班幼儿的责任意识越来越强，在了解消防安全的基础上，愿意与他人分享消防安全的经验。本次活动希望借助小组讨论的形式，帮助幼儿进一步梳理防火常识，系统了解火灾安全隐患；鼓励幼儿进行预防火灾的检查工作，以培养其社会责任感。

（二）活动目标

第一，认识火灾的危险性及防范火灾的重要性。

第二，愿意与同伴交流防火知识，树立防火责任意识和自我保护意识。

第三，通过小组讨论，总结出幼儿园及家中火灾安全隐患的检查步骤，并尝试设计检查表。

（三）活动准备

第一，关于查找家庭火灾隐患的视频、火灾安全隐患检查表、铅笔、水彩笔。

第二，幼儿对生活中的火灾隐患有了初步了解。

（四）活动过程

1. 播放视频，引导幼儿了解家庭火灾隐患

提问：家中会不会有火灾隐患？哪些做法容易引起火灾？

教师：我们一起来看视频，看看视频中提到的火灾隐患和我们刚才说的是否一样。

2. 和幼儿畅聊幼儿园中可能存在的安全隐患

提问：幼儿园中是否有存在安全隐患的地方？为什么？

教师：小朋友们已经是大班的哥哥姐姐了，你们在幼儿园学习和生活的时间最长，你们认为我们的幼儿园或者班级中是否有存在安全隐患的地方呢？为什么你们认为存在安全隐患呢？

3. 引导幼儿小组讨论，制作火灾安全隐患检查表

教师：小朋友们刚才说到了许多在幼儿园和家中需要关注的可能引起火灾的危险因素。接下来我们分小组讨论，看一看除了刚才提到的，还有哪些补充。

教师：老师为大家准备了表格，小朋友们可以把你们想到的都记录下来，以后我们就可以随时检查啦。

教师总结：家中的灶台、抽油烟机、煤气、插线板、没有熄灭的烟头都容易引起火灾，幼儿园中的厨房、小朋友们随意丢下的纸团也存在火灾隐患。因此小朋友们平时一定要注意多多留心火灾隐患，也要经常提醒小伙伴和家人不要随意丢弃可燃物品，避免火灾发生。

（五）活动评价

幼儿通过观看视频，能够掌握一定的防火知识；通过小组讨论，能够提升合作能力，愿意与同伴交流，并能总结出幼儿园和家中火灾安全隐患的检查步骤；通过火灾安全隐患检查表的制作与填写，能够提高动手操作能力及语言表达能力，树立一定的防火责任意识和自我保护意识。

（六）活动延伸

1. 班级活动

使用火灾安全隐患检查表，在幼儿园中排查安全隐患，贴出提示语。

2. 家庭亲子活动

使用火灾安全隐患检查表，与家庭成员一起排查家中的安全隐患，并记录下来。

（七）参考资源

1. 儿歌

消防安全儿歌

小朋友们快快来，我们来把安全讲。电插座，不能碰，自我保护很重要。

煤气灶，有危险，千万不能去开关。火柴蜡烛放一边，小心火灾随时起。

有火情，不慌张，迅速撤离去求援。快快拨打“119”，消防叔叔及时来。

钻浓烟，下火海，勇敢专业把火灭。消防安全记心头，平安幸福到永远。

2. 拓展阅读

[英]哈德利·格里芬．煎锅起火了——厨房里的危险[M]．张立，译．北京：北京科学技术出版社，2009.

米吉卡．怕火的油罐车[M]．田颖，绘．长春：北方妇女儿童出版社，2016.

大班活动 2：消防安全禁止标志我设计

（一）活动背景

标志是对人们行动的一种指示，是简单形象的图画语言。消防安全禁止标识能够在生活中对人们起到提示、警告作用，是幼儿常常能见到但又不易注意的。本活动让幼儿通过观察消防安全禁止标志，并通过自己设计，深刻了解消防安全禁止标志的意义，增强消防安全责任意识。

（二）活动目标

第一，理解消防安全禁止标志的作用。

第二，充分发挥想象力和动手操作能力，尝试为幼儿园和家庭设计消防安全禁止标志。

第三，愿意将消防安全禁止标志的作用分享给身边的人，树立消防安全意识。

（三）活动准备

第一，各种消防安全禁止标志、统计表格、白纸若干、水彩笔若干。

第二，幼儿见过的消防安全禁止标志。

（四）活动过程

1. 活动导入：认标志

教师播放 PPT，逐一出示消防安全禁止标志。

师：小朋友们，你们认识这些标志吗？它们是什么标志呢？

师：这些标志有哪些相同之处，有哪些不同之处呢？

小结：它们都是由红色的圆圈和某一个图形组成的，并且有一个统一的名字，叫作“消防安全禁止标志”。这些标志在我们的生活中非常重要。

2. 引导幼儿感知不同消防安全禁止标志的特点

(1)出示"禁止烟火"标志。

师：小朋友们，你们看这个标志上面都有什么？它代表什么意思？

小结：这个是"禁止烟火"标志，有这个标志的地方不可以使用火，不可以吸烟，否则容易引起火灾。

(2)出示"禁止燃放鞭炮"标志。

师：小朋友们，你们看这个标志上面都有什么？它代表什么意思？

小结：这个是"禁止燃放鞭炮"标志，有这个标志的地方不可以燃放烟花爆竹，否则容易引起火灾。

(3)出示"禁止放易燃物"标志。

师：小朋友们，你们看这个标志上面都有什么？它代表什么意思？

小结：这个是"禁止放置易燃物"标志，有这个标志的地方不可以放容易着火的材料，如棉花、泡沫。刚才提到的烟花爆竹也是易燃物，这些遇到火苗马上就会燃烧的材料很容易引发火灾。

(4)出示"禁止锁闭"标志。

师：小朋友们，你们看这个标志上面都有什么？它代表什么意思？

小结：这个是"禁止锁闭"标志，有这个标志的地方不可以给安全出口和紧急出口上锁。因为一旦发生火灾，人们需要从安全出口快速撤离。如果上锁了，人们就无法逃离了。

(5)出示更多消防安全禁止标志，开拓幼儿思维，为下一环节做好准备。

讨论：这些消防安全禁止标志有哪些特点，我们还可以设计哪些消防安全禁止标志。

3. 引导幼儿小组讨论，设计消防安全禁止标志

思考幼儿园和家中还需要增加哪些消防安全禁止标志。

师：小朋友们，现在我们分小组讨论，想一想幼儿园或者家中应该增加哪些消防安全禁止标志，以提醒人们注意消防安全。可以先记录在统计表中，接下来试着设计出独特的消防安全禁止标志，并将其张贴在合适的地方。

(五)活动评价

幼儿通过活动能够认识并感知消防安全禁止标志的含义和不同禁止标志的

异同，提升观察力和判断力；能够了解消防安全禁止标志的用途，广泛探索消防安全禁止标志的适用范围；能够在掌握消防安全禁止标志图案的特点后，按此特点设计消防安全禁止标志，增强消防安全意识和社会责任感。

（六）活动延伸

1. 区域活动

在区域中粘贴设计的消防安全禁止标志。

2. 家庭亲子活动

在家中粘贴消防安全禁止标志，提醒家长注意消防安全。

（七）参考资源

1. 消防安全禁止标志

当心火灾

禁止放易燃物

禁止乱动消防器材

禁止燃放鞭炮

禁止烟火

禁止锁闭

禁止吸烟

禁止携带火种

禁止堵塞

2. 拓展阅读

张龙．安全标志[M]．长春：吉林摄影出版社，2019.

[法]希尔维·柏西，[法]迪迪耶·巴里切维奇．第一本可以玩的儿童百科书：为什么？[M]．林娟，译．南昌：二十一世纪出版社，2015.

迪士尼公司，童趣出版有限公司．哎呀，着火了[M]．北京：人民邮电出版社，2016.

大班活动3：逃生路线我设计

（一）活动背景

幼儿时期是意外事故的高发阶段。《3—6岁儿童学习与指南》健康领域的“生活习惯与生活能力”提出要促使幼儿“具备基本的安全知识和自身保护能力”的发展目标。在之前开展的有关火灾安全教育活动中，幼儿初步了解了逃离火灾现场的基本知识，但是对安全疏散图以及有序逃生的方法需要更进一步的理解。此次活动结合大班幼儿的特点，采取多样化的形式深入开展，促使幼儿在进一步掌握火灾逃生方法的同时树立自我保护意识和集体意识。

（二）活动目标

第一，掌握有序逃生的方法。

第二，树立自我保护意识和集体意识。

第三，认识简单的安全疏散图，能够初步设计安全逃生路线图。

（三）活动准备

第一，消防演习用的安全通道标志、消防警铃、安全疏散图、笔、矿泉水瓶、拴线小球、火灾视频、湿毛巾。

第二，幼儿有关于逃离火灾现场的基本知识。

（四）活动过程

1. 导入环节：播放的消防警铃的声音，引出话题

师：这是什么声音？什么情况下会听到这种声音？

小结：小朋友可真棒，很快就听出来这是火灾报警的声音了。你们说得对，只有发生火灾时才会有火警警铃的声音。为什么会发生火灾呢？接下来我们一起看一看发生什么了事情。

2. 引导幼儿观看有关火灾的视频，讨论后分享火灾发生时的逃生办法

(1)观看火灾发生时的视频。

师：当遇到火灾时我们如何逃生呢？我们有哪些好的办法？

(2)讨论在火灾现场如何逃生。

小结：小朋友们的办法真多呀。①有浓烟，将毛巾沾湿捂住口鼻，弯腰低

头尽量贴紧地面逃离。②着火时容易断电，所以不要使用电梯，走楼梯逃生。③逃生时要迅速找到一个安全的地方。

3. 组织幼儿体验游戏“逃跑的小球”，感知有序逃生的重要性

(1)教师讲解游戏玩法，幼儿自由分组。

规则：每个瓶子里装有5个栓线的小球，每人一根线，小组内所有小球全部逃出且最快的一组获胜。

(2)幼儿分组讨论并分享。

师：你们是用什么方法让小球全部迅速逃出的？要想每个人的小球都迅速逃出，我们应该注意什么？

小结：刚才小朋友们说了让瓶子里的小球快速逃出的方法：小球必须排队才能顺利逃出。如果在遇到火灾时所有人都拥挤在门口，就会像瓶子里的小球一样被堵住。只有按顺序，每个人才能顺利逃生，这也是最快的方法。

4. 出示消防疏散示意图，引导幼儿学习看消防疏散示意图

师：老师给小朋友带来了一张图，你们知道这张图叫什么吗？

师：这是我们幼儿园一层的消防疏散示意图，小朋友来猜一猜红色的星星表示什么。

师：这个红色星星的位置代表小朋友现在所在的位置。你们知道这个小人和箭头代表什么吗？我们应该怎样逃生呢？

师：我们一定要赶快逃到这个安全出口，可是我们应该怎么走呢？

小结：这张图非常重要，小朋友跟爸爸妈妈去电影院、游乐场或是商场的时候，要先找一找那里的安全疏散图。如果发生危险了，可以按照图示快速逃生。

(幼儿讨论安全疏散图的内容以及如何运用逃生路线逃跑，知道很多场合都有安全疏散图，要养成看疏散图的习惯)

5. 引导幼儿设计安全逃生线路图，在消防演习中亲身体验有序逃离现场

(1)设计安全逃生线路图。

师：你们想不想设计安全逃生线路图呢？

(幼儿尝试找出在本班最快的逃生路线，设计安全逃生线路图，用笔画出

来，相互交流分享后找到最佳路线)

(2)消防演习。

师：你们想不想进行一次消防演习呢？

(教师给幼儿讲解演习的流程，有班上其他教师播放火警警铃的声音，有事先准备好的湿毛巾)

(3)共同梳理选择路线的方法，讨论分享自己逃生的经验。

小结：首先，我们学会了看安全疏散图，并且设计了我们班的安全逃生线路图。现在大家共同梳理选择路线的方法：要先确定好自己的位置，找到着火点，找到安全出口，选择最近的路线，走楼梯逃生。今天在消防演习中，每个小朋友都有自我保护意识，并且掌握了发生火灾时自我保护的办法。虽然有些小朋友还有些慌张、害怕，但是小朋友在迅速逃往安全通道的时候特别有序，相比在上一次消防演习中的表现进步了很多，请给自己鼓鼓掌吧。

(五)活动评价

在本次开展安全教育活动，特别是学习逃生知识的内容时，教师改变了以往的说教式教学，通过多种游戏让幼儿在实践中亲身感知按顺序逃生的重要性，在掌握有序逃生的方法的同时树立自我保护意识和集体意识，在学习中认识简单的安全疏散图，初步设计安全逃生线路图，进一步掌握火灾逃生的方法。

(六)活动延伸

第一，为了加深幼儿对防灾知识的印象，教师可以和幼儿一起制作防灾知识游戏卡片，在班级过渡环节进行游戏式的对话学习(如图片是浓烟时找出对应的自我保护方法，图片是门外着火时找出对应的逃生方法等)。

第二，在阅读区提供相关书籍、图片，供幼儿阅读。

第三，回家和父母尝试一起绘制家庭安全逃生线路图。

(七)参考资源

胡博．不懂安全的大灰狼[M]．北京：新华出版社，2006.

大班活动4：消防车进校园

(一)活动背景

《3—6岁儿童学习与发展指南》指出：幼儿社会领域学习与发展的实质在于

社会化。体验是幼儿重要的学习方式，是认识和态度形成的基础。幼儿教师需重视幼儿的社会性发展，开展各种活动，培养幼儿的亲社会行为。基于此，教师结合 3~6 岁儿童安全教育的目标和任务，精心设计，认真筹划，开展“消防车进校园”活动，让幼儿走近消防员，与消防车亲密接触，初步掌握火灾扑救常识，提高消防安全意识，了解消防员勤学苦练、不怕困难，激发对消防员尊重、关爱的情感。

（二）活动目标

第一，知道火灾的发生以及发生之后的救火措施。

第二，感知消防工具的用法，初步掌握火灾扑救常识，提高消防安全意识。

第三，了解消防员勤学苦练、不怕困难，激发对消防员尊重、关爱的情感。

（三）活动准备

第一，音响设备、消防设备。

第二，幼儿会拨打火警电话 119，集体讨论采访消防员的问题，学习过儿歌《勇敢的消防员》。

第三，教师提前联系、邀请 1~2 名消防员来幼儿园参与活动。

（四）活动过程

1. 请出消防员叔叔，激发幼儿兴趣

师：小朋友们，请看今天我们邀请谁来幼儿园了。我们告诉消防员叔叔发生火灾时，要怎么做，火警电话是多少。

师：对啦，拨打 119 说清地址，消防员会用最短的时间赶到火灾现场。今天，我们请消防员叔叔来到我们校园，不是因为发生了火灾，而是为了给小朋友们演习。我们热烈欢迎消防员叔叔。

2. 小记者提问环节

师：见到消防员叔叔，我们都好激动、好兴奋，心中也充满了期待。小朋友有许多感兴趣的问题想要问消防员叔叔，有请幼儿园的小记者。

(1) 小记者提问：消防员叔叔您好！你们的衣服好帅气啊，和我们的衣服有什么不一样啊？我们可以穿一下吗？

回答步骤：消防员介绍服装；幼儿体验穿消防衣，为消防员叔叔穿消防衣计时。

小结：这么沉、这么厚的衣服，消防员叔叔用了很短的时间就穿好了。为了快速到火灾现场灭火、救人，这么沉的衣服消防员叔叔还能动作这么快，我们为他们鼓鼓掌吧。

（2）小记者提问：消防员叔叔您好！如果高楼上着火了，怎么办？

回答步骤：消防员展示云梯，教师体验云梯，并谈谈感受。

小结：原来消防车里有这么多的奥秘，每一样器材都有它的用处。我们为消防员叔叔的勇敢点赞，为消防员叔叔的勇敢鼓掌。

（3）小记者提问：消防员叔叔您好！消防车是怎么喷出水的？如果路很窄，消防车怎么开进去灭火呢？

回答步骤：消防员展示消防管喷水，高空喷水。

小结：消防员叔叔能举起装了这么多水的消防管，力气真大，跑步速度真快，我们为叔叔点个赞。

3. 引导幼儿进一步近距离参观消防车及消防工具

师：消防员叔叔就是你们的引导员，有不懂的问题可以请教他们。

提示：鼓励幼儿在参观探究的过程中与消防员积极互动，多看多问，如摸一摸消防车，戴一戴消防头盔，请消防员讲解消防车为什么是红色的、水带为什么是软的，等等。

4. 鼓励幼儿表演儿歌献给消防员

师：特别感谢消防员叔叔带来了精彩的消防演习，还耐心地解答了小朋友的问题。消防员是小朋友心中的英雄、学习的榜样，小朋友们特意准备了一首儿歌要献给你们。

幼儿集体表演儿歌《勇敢的消防员》。

小结：代表全体教师、小朋友感谢消防员，愿所有消防员每一次任务都能平安出警。各班教师可以带领本班幼儿与消防员合影。活动到此结束，谢谢大家。

（五）活动评价

幼儿看到帅气的消防员叔叔、真实的消防车，激发了学习兴趣。在活动初期，幼儿在班中进行了讨论，提炼出了有价值的消防安全问题。在活动中，小记者作为代表向消防员叔叔提问。在整个安全活动的开展过程中，幼儿是学习的主动者、探索者，了解了更多消防安全知识，让安全意识逐渐在心里扎根。

（六）活动延伸

1. 区域活动

娃娃家提供与消防车、消防工作安全相关的玩具，如消防车模型、安全帽等玩具，供幼儿在此区域中参与预防火灾、火灾逃生的游戏；语言区提供与消防车相关的图书，供幼儿阅读。

2. 家庭亲子活动

回家后与父母分享在活动中认识的消防工具及其用途。

（七）参考资源

郑淑敏．幼儿园健康教育课程案例集[M]．北京：学苑出版社，2016.

李丰绫，青葫芦．了不起的车——灭火英雄消防车[M]．广州：广东人民出版社，2018.

五、 主题单元幼儿表现评估

主题＿＿＿＿＿＿＿＿＿

班级＿＿＿＿　幼儿姓名＿＿＿＿＿＿　教师姓名＿＿＿＿＿

评价者＿＿＿　日期＿＿＿＿＿

评估准则：完全掌握或做到为 4 分；有时掌握或做到为 3 分；初步掌握或做到为 2 分；暂未掌握或做到为 1 分。

表 3　大班消防安全单元幼儿表现评估

学习目标	具体表现	1 分	2 分	3 分	4 分
理解消防标志的作用，能够发挥想象力、创造力和动手操作能力，尝试为幼儿园和家庭设计并补充消防标志					
认识和感知消防工具，初步了解火灾扑救措施					

续表

学习目标	具体表现	1分	2分	3分	4分
知道消防员勤学苦练、不怕困难，激发对消防员尊重、关爱的情感					
树立消防意识、自我保护意识和集体意识					
认识简单的安全疏散图，能够初步设计安全逃生路线图，掌握有序逃生的方法					
通过小组讨论，总结出幼儿园及家中火灾的检查步骤，并尝试设计检查表					

大班交通安全

一、 主题单元背景资料

各种交通工具的出现给人们的出行带来了便利，但是有时也会发生各类交通事故，因此教师要帮助幼儿树立遵守交通规则的意识。大班幼儿即将进入小学，已经学习了一些交通规则，知道文明出行的基本常识和规则，能主动与同伴交流乘车、出行的经验和安全知识，但还需要继续积累交通安全经验，学习对周围人的交通行为做出判断，加强自我保护，提高危险防范能力。

本主题针对如何按照交通标志出行、怎样在马路上安全行走、集体出行时遵守哪些规则、遇到危险时怎样逃生，帮助幼儿提高自我保护意识，并能够去判断周边人们的行为，积极向他们做宣传，做一名小小交通安全宣传员。

二、 主题单元目标

第一，认识交通标志，知道其分类及用途，能按交通标志行走。

第二，了解马路上、电梯里存在的安全隐患，知道简单的逃生方法。

第三，积累安全出行的生活经验，掌握自我保护的方法。

第四，具有基本的安全出行意识，并能积极向身边的人做宣传。

三、 主题单元环境创设

（一）墙饰创设

结合主题单元目标及主题内容，墙面创设分为交通标志连一连、正确行走分一分、郊游游戏玩一玩、电梯故事讲一讲四部分。

1. 交通标志连一连

教师将常见的交通标志有顺序地张贴在墙上，每个交通标志下面各有一条线，下方有指示标志、禁令标志、警告标志的图样。幼儿将交通标识分类，并与下方的图样连起来。

2. 正确行走分一分

教师在环境中张贴马路上各种行为的图片，引导幼儿在危险的行为旁边贴上小卡片“”，并用绘画的形式记录正确的行为，张贴在小卡片的旁边。

3. 郊游游戏玩一玩

幼儿展示郊游的调查图表，介绍郊游的生活经验；展示设计的不同的郊游路线图，在郊游路线图中用绘图的方式标出郊游乘车的安全提示和郊游时的安全提示。教师设置郊游问题墙：“迷路了怎么办？摔倒碰伤时怎么办？被虫子咬了怎么办？”将幼儿的探究答案附在问题下方。

4. 电梯故事讲一讲

教师在环境中展示电梯安全警示图片。幼儿绘制电梯安全宣传海报，表现自己乘坐电梯的故事。

（二）区域活动

1. 美工区

(1)提供水彩笔、绘画纸，请幼儿设计并制作宣传小海报，宣传马路上的安全行为。

(2)提供景点图片、水彩笔、纸张、设计的郊游路线图。

(3)投放制作海报的纸、画笔，请幼儿绘制电梯安全宣传海报。

2. 益智区

(1)教师提供交通飞行棋和相应的交通标志、骰子等。幼儿玩游戏，轮流掷骰子通行或设置障碍。

(2)教师提供多种交通标志图片，幼儿按照指示标志、禁令标志、警告标志进行分类。

(3)教师提供路面交通图，幼儿以“走迷宫”的形式选择在马路上行走时的正确做法来帮助小动物回家。

3. 阅读区

（1）教师提供录音笔、播放器、点读笔等，准备幼儿安全郊游的故事。幼儿自主选择和欣赏，尝试讲故事。

（2）教师播放儿歌《我们一起去郊游》，引导幼儿欣赏、朗诵儿歌。

4. 角色扮演区

教师提供小轿车、公共汽车站、加油站、公园、景点等道具，交警服饰(实物)，斑马线、停止线等常见交通标志。幼儿扮演司机、乘客、行人、交警等，交警指挥车辆，行人文明出行，开展主题游戏“我们去郊游”。

5. 建构区

教师提供积木、纸板、纸箱、玩具车、交通标志等，幼儿结合材料继续搭建马路、立交桥、有电梯的楼房等。

（三）班级文化

1. 帮助幼儿积累安全出行经验，学习简单的逃生方法

大班幼儿已经积累了一些交通安全的相关知识，但还是缺乏遵守交通规则的意识。为了让幼儿进一步熟悉交通规则，加强自我保护，提高危险防范能力，教师在班级中让幼儿观察、操作、分享、交流，鼓励幼儿学习给交通标志分类，判断周边行人行为的对错，结合自己的生活经验思考集体郊游时的安全内容、乘坐电梯时会发生的安全隐患、遇到危险时如何自救，在观察、探究、访问、交流的过程中进一步积累安全出行经验。

2. 帮助幼儿树立自我安全保护意识，积极向身边的人做宣传

大班幼儿积累了一定的交通安全经验，开始思考在日常生活中看到的标志哪些是指示标志、哪些是禁令标志、哪些是警告标志；知道自己出行过程中要看标志行走，还要向身边的人宣传交通安全常识。教师在班级中为幼儿提供各类材料，幼儿合作制作交通安全标志、安全乘坐电梯宣传海报等，向弟弟妹妹、爸爸妈妈、叔叔阿姨等做宣传。

四、 主题单元教育活动方案

大班活动1：交通标志我知道

（一）活动背景

幼儿在小班、中班已初步学习了交通安全知识，掌握了基本的交通标志。交通标志是我们日常生活中常见的符号，对人们的交通行为起着禁止、规范或指示的作用。“交通标志我知道”这一活动贴近幼儿生活，因为幼儿每天行走在马路上，交通标志几乎天天见。幼儿根据自己的经验和教师分配的任务，统计马路上的交通工具，认识一些新认识的交通标志；通过分类的方式将所认识的交通标志分为警告标志、禁令标志和指示标志。幼儿了解交通标志，不仅可以让自己做个文明的小行人，而且可以督促家长做个文明的行驶者。

（二）活动目标

第一，愿意和同伴分享自己认识的交通标志。

第二，认识常见的交通标志，知道其用途及分类。

第三，出行时能按交通标志行走。

（三）活动准备

第一，常见的警告标志、禁令标志和指示标志图片，交通信号灯模型，交警服，小汽车模型，歌曲《红绿灯》。

第二，幼儿认识常见的交通标志，知道交通标志分为警告标志、禁令标志和指示标志。

（四）活动过程

1. 播放歌曲《红绿灯》，激发幼儿兴趣

(1)播放歌曲。

师：我们一起来听歌曲《红绿灯》，听听里面唱了什么。

我们在过马路时应该注意什么？

(2)请幼儿分享自己统计的马路上的常见交通标志，巩固已认识的交通标

志，并分享新认识的交通标志。

师：上周老师布置了一个任务，请小朋友们用统计表将自己见到的交通标志记录下来，谁愿意和大家分享？

师：你见到了哪些交通标志？在哪儿见到的？它表示什么？

2. 组织幼儿开展游戏“小交警”

让幼儿理解并准确运用交通标志，能够在看到交通标志时做出相应的行为。

师：我们一起来玩个游戏，小朋友可以扮演司机、行人。每一位小朋友要根据交通警察出示的交通标志行驶，不得违规。小朋友如果违反了交通规则，那么会受到交警的警告，需要重新行驶。

玩法：

幼儿分为三组，分别扮演行人、司机、交警。教师设立起始线，规划行驶路线，让幼儿根据路线行驶，将已准备好的交通标志发放到“交警”手中。“行人”及“司机”行走或行驶，“交警”随机出示已准备好的交通标志，“行人”和“司机”做出相应的反应。

规则：

幼儿必须按照规划好的路线行驶。违反交通规则的“行人”和“司机”将受到“交警”的警告，需要重新行驶。

3. 引导幼儿了解三种不同类型的交通标志，并为交通标志分类

(1)教师介绍三种不同类型的交通标志。

师：刚才交警手里的标志的颜色都一样吗？有什么颜色？它们有什么作用？

小结：马路上我们会看见很多交通标志，有指示标志、禁止标志和警告标志，根据标志的颜色大家可以判断出属于哪一种类型的标志。红色是禁令标志，黄色是警告标志，蓝色是指示标志。

(2)分发交通标志，幼儿根据三种类型进行分类。

(3)引导幼儿分享交流自己的操作结果。

师：刚才老师给每组都分发了很多交通标志，请小朋友说一说自己是怎样分的，它们分别属于哪一类交通标志，说说这个标志代表什么。

4. 引导幼儿分组游戏

幼儿玩交通飞行棋，进一步巩固以及运用不同类型的交通标志。

教师出示根据幼儿园门前的马路设置的路线，并将地铁站、公交车站、学校、幼儿园等展现在飞行棋上，请幼儿合理规划和放置交通标志。

玩法：幼儿以小组为单位一起玩交通飞行棋，根据三种不同类型的交通标志让小汽车和行人行驶或行走。

小结：刚才在游戏中我们认识了三种不同类型的交通标志，在生活中交通标志可以告诉我们应该怎样做一个文明的行人，告诉我们如何过马路、如何在路上行走，这样我们才能保护好自己的生命安全。我们也要提醒爸爸妈妈和身边的人按照交通标志行走，一起做文明行人。

（五）活动评价

第一，幼儿认识常见交通标志，能说出其用途，并按照指示标志、禁令标志、警告标志进行分类。

第二，幼儿在游戏过程中能准确识别交通标志，并按照标志行走，遵守交通规则。

（六）活动延伸

1. 一日生活、区域中的活动

教师在户外活动中为幼儿提供自制的小汽车，幼儿扮演驾驶员和交警的角色。教师设置交通标志，幼儿根据交通标志进行游戏。

幼儿在结构游戏中体验交通标志的作用，并通过设置小汽车行驶路线和方式进行游戏。

在益智区中幼儿可以通过分类巩固对交通标志的认识。

2. 家庭亲子活动

家长可以带幼儿体验在路上行走，在马路上开车行驶，让幼儿快速说出交通标志名称及其作用。

（七）参考资源

各类交通标志

第一类：禁令标志。

这类标志通常以红色为主色调，目的是告诉大家这样做是不行的、不被允许的。有些禁令标志里也夹杂着少数几个黑色的部分，这是解除禁令的意思。

第二类：警告标志。

这类标志通常以黄色为主色调，目的是引起人们注意。有一些告诉大家这样做是危险的；有一些提醒大家接下来会到需要注意的地方，如即将到十字路口了。

第三类：指示标志。

这类标志通常以蓝色为主色调，表示可以或者只允许。例如，一个直线箭头告诉我们只能够直行。

大班活动2：马路上的危险

（一）活动背景

城市道路交通快速发展，幼儿的生活环境复杂、多变，这些促使我们应加强对幼儿的交通安全教育。此次活动重点结合大班幼儿的年龄特点，通过视频、图片等介绍马路上的危险，通过情景表演等引导幼儿学习正确的交通行为方式，如不在马路上追逐打闹、抛物、踢球等，积极向身边的人宣传交通安全常识，做一个文明小行人。

（二）活动目标

第一，知道马路上存在安全隐患，不能在马路上玩耍、嬉戏。

第二，能说出在马路上行走时的正确做法和文明行为。

第三，具有基本的交通安全意识，愿意积极向身边的人宣传交通安全常识。

（三）活动准备

第一，教师提前请附近的交警协助拍摄视频，介绍小朋友在马路上正确行走的行为(跟紧大人，靠右行，不追逐打闹，不踢球，不玩滑板，不追车，不抛物打车，不翻栏杆)。

第二，教师与3名幼儿排练情景小短剧《过马路》，教师准备马路上危险行为和文明行为的图片及⚠图片。

第三，教师提供彩笔、白纸及收集的文明过马路的相关图片。

第四，幼儿与家长一起过马路时观察马路上的危险行为。

(四)活动过程

1. 播放歌曲《过马路》,引出主题“马路上的危险”

师:小朋友,我们刚才在歌曲中听到了什么?你知道马路上会发生哪些危险的事情吗?

2. 引导幼儿了解马路上存在的危险行为,判断对错

(1)观看情景小短剧:小朋友在马路上追逐打闹。

师:刚才小朋友在哪里玩儿?他们在干什么?这样做对吗?为什么不能这样做?

(2)判断马路上不同行为的对错。

师:你还看到过马路上有哪些危险的行为?

互动:教师在展板上张贴马路上各种行为的图片,引导幼儿在危险的行为旁边贴上⚠图片。

(3)了解在马路上正确行走的做法。

教师播放交警协助拍摄的视频:马路不是游戏场,我们在马路上应该跟紧大人,靠右行,不追逐打闹,不踢球,不玩滑板,不追车,不抛物打车,不翻栏杆等,做个文明的小行人,保护自己的安全。

小结:交警叔叔告诉小朋友在马路上如何正确行走,我们一定要记牢,还要告诉我们身边的人,让他们保护好自己。

3. 指导幼儿制作宣传海报

(1)4~5 人一组,用彩笔、白纸及收集的文明过马路的相关图片制作宣传海报。

师:今天我们一起制作宣传海报,把学到的知识分享给幼儿园的其他小朋友,让他们也能保护好自己。

(2)介绍自己组制作的宣传海报的内容。

(五)活动评价

第一,幼儿知道在马路上行走时的安全做法和文明行为。

第二,幼儿能和同伴合作完成宣传海报,能提醒周边的人遵守交通规则。

（六）活动延伸

1. 一日活动、区域中的活动

教师在益智区投放有关马路上的危险的飞行棋，引导幼儿与同伴一起游戏，知道在马路上如何正确行走。

教师在角色游戏区投放马路、护栏、小轿车、斑马线等游戏材料，在游戏中引导幼儿正确在马路上行走。

教师鼓励幼儿利用户外活动时间和餐后散步时间，带上自己设计的宣传海报向中小班的弟弟妹妹宣传马路上的危险行为，并告知其正确的做法。

2. 家庭亲子活动

家长在日常生活中和幼儿一起向身边的人宣传交通安全常识，见到马路上不文明的行为积极阻止。

大班活动 3：我们一起去郊游

（一）活动背景

虽然大班幼儿已经积累了一些安全知识，但有关郊游的生活经验和安全知识仍然比较欠缺，自我保护意识不够强，会做出一些不安全的行为，如在郊游途中乘车打闹、不系安全带，在郊外擅自离开家人独自玩耍，在河流湖泊边玩耍。为避免郊游过程中不安全事件的发生，帮助大班幼儿掌握关于郊游的安全知识，提高幼儿的自我保护意识，教师设计了这次活动。

（二）活动目标

第一，了解郊游时乘车和行走的安全知识。

第二，愿意主动与同伴交流郊游时的乘车经验和安全知识。

第三，懂得郊游遇到危险时不慌张，要及时寻求帮助。

（三）活动准备

第一，PPT 课件。

郊游场景：一家人去郊游，在户外草地，有各种食品、餐巾纸、雨伞、创可贴等，小朋友在草地上玩耍。

第二，自制各种交通工具道具，绘画郊游路线图，设立游戏关卡，收集小山、大树、草地、小河等图片。

第三，创设郊游游戏情境。

第四，幼儿与父母、同伴外出郊游过，具备初步的郊游经验。

(四)活动过程

1. 谈话导入：引导幼儿回忆、表达郊游时的安全知识经验

出示图片。

师：我们看看图片，他们坐车要去哪里，他们在干什么。

师：你和家人去郊游过吗？你们去了哪里？是怎样去的？

2. 引导幼儿分组讨论郊游路途中的乘车安全和郊游时的行走安全

师：我们分两组，第一组小朋友讨论去郊游路途中需要注意的乘车安全问题，第二组小朋友讨论在郊游时需要注意的行走安全问题，请你们和同伴说一说。

每组选派代表表达讨论的内容。

小结：去郊游路途中乘坐交通工具时要注意安全，有序上下车，不打闹，要坐好，不将手、头伸出窗外；郊游时要和家人在一起，不能独自去玩耍，不能远离家人的视线，不做危险的事情。

3. 指导幼儿设计并制作郊游安全海报

师：刚才小朋友们讨论了郊游路途中的乘车安全和郊游时的行走安全，现在请大家用图画、符号等方式分组设计并制作郊游安全海报。

每组选派代表表达乘坐交通工具时要注意的乘车安全、郊游时的行走安全。

幼儿总结郊游安全知识，教师给予奖励。

拓展安全知识：你们再想想在郊游时还会遇到哪些安全问题，如迷路了怎么办，遇到坏人了怎么办，下雨了怎么办等。

师：小朋友们画出了乘车安全和行走安全宣传海报，我们把它们贴到幼儿园小朋友都能看到的墙上。

4. 游戏：我们去郊游

(1)教师创设郊游路线情境，介绍郊游规则。

师：小朋友去郊游时要注意安全，郊游路途中会有“小警察”，如果小朋友出现不安全行为，如乘坐交通工具时将手、头伸出窗外，就会被罚，需要回到

原点重新出发。到达郊游地点时也会有“小警察”，如果小朋友出现不安全行为，如远离家人的视线、独自去玩耍、做危险的事情等，也会被罚，需要回到原点重新出发。

(2)幼儿体验郊游游戏。

（五）活动评价

第一，幼儿在谈话、讨论、游戏体验等不同活动中，全面了解了郊游的乘车、行走安全知识，增强了自我保护意识。

第二，幼儿乐意做郊游安全宣传员，能比较清楚地讲述郊游时的安全知识。

第三，幼儿初步掌握了一些自我救助方法。

（六）活动延伸

1. 一日活动、区域中的活动

在一日生活中渗透关于安全郊游的知识、去郊游途中乘车的安全知识和郊游时的自我保护知识，如着装要适当宽松，穿运动鞋等，帮助幼儿进一步掌握安全知识。

在阅读区投放各种交通工具的图片和郊游地点的图片，引导幼儿和同伴一起尝试设计郊游路线图，尝试说一说郊游时要注意的自我保护问题。

在角色游戏区投放小轿车、公共汽车等游戏材料，引导幼儿开展角色游戏“我们去郊游”，帮助幼儿在游戏中进一步掌握郊游时的安全知识。

2. 家庭亲子活动

家长在日常生活中带幼儿外出郊游时引导幼儿掌握一些安全知识。

家长可以通过一起查阅图书资料、讨论交流、玩亲子游戏等方式帮助幼儿掌握郊游遇到危险时的解决办法，丰富幼儿的安全知识。

（七）参考资源

[日]穗高顺也，[日]长谷川义史．我的郊游[M]．朱自强，译．石家庄：河北教育出版社，2014.

大班活动4：电梯安全宣传员

（一）活动背景

越来越多的场所使用电梯，电梯事故偶有发生。专家认为，意外伤害的特点是意外性和突然性，绝大多数幼儿意外伤害事故是可以避免的。大班幼儿应了解乘梯安全常识，能够控制自己的行为和动作，文明乘坐电梯，面对乘梯危险时做出正确的反应，增强自我保护及保护他人不受伤害的意识。开展“电梯安全宣传员”这一活动，旨在引导幼儿了解乘坐电梯的安全常识，了解电梯出故障时简单的逃生方法，并主动宣传乘坐电梯的规则，乐意做一名安全乘坐电梯的小小安全宣传员。

（二）活动目标

第一，了解乘坐电梯的安全知识、常见的电梯故障及简单的逃生方法。

第二，主动宣传乘坐电梯的安全知识，乐意做一名安全乘坐电梯的小小宣传员。

第三，提高乘坐电梯时的安全意识和自我保护能力。

（三）活动准备

第一，电梯安全警示图片，因电梯故障被困在电梯里、门打不开的图片，鞋、裤子被夹在扶梯里的图片，海报纸，水彩笔。

第二，幼儿有乘坐电梯的经验，了解一些电梯事故。

（四）活动过程

1. 引入话题：引导幼儿围绕乘梯安全进行讨论

师：今天老师从家里出来乘坐了电梯，发现电梯上张贴了很多图片，在地铁站乘坐电梯时也发现了很多图片。我把它们收集了起来，请小朋友来看看，这些图片告诉了我们什么。

教师出示电梯安全警示图片，请幼儿说说这些图片的含义，和幼儿一起认识常见的电梯安全警示图片。

小结：这些警示图片告诉我们不能这样做，这样做会出现危险。

2. 引导幼儿讨论怎样安全地乘坐电梯

师：请小朋友结合乘坐电梯的经历说一说，我们在乘坐电梯时应该遵守哪些规则，要怎样安全乘坐电梯。

幼儿讨论发言。

小结：乘坐电梯时要紧跟大人，不独自乘坐电梯，不在电梯里玩耍、打闹、蹦跳，不随意按电梯的按钮。

3. 师幼情境表演，了解常见的电梯故障以及应对方法

师：乘坐电梯时会遇到一些故障，如电梯的门打不开了，或是被电梯卡住了，如果遇到这样的事情该怎么办呢？

教师和幼儿进行情境表演：被困在电梯里，门打不开。

讨论：电梯里发生了什么事？遇到电梯的门打不开，被困在电梯里怎么办？

小结：遇到电梯的门打不开，被困在电梯里时，千万不要慌张，不要哭闹。电梯里有一个紧急呼叫按钮，我们要按下按钮，或者拨打电梯里的求救电话，等待救援。

教师出示扶梯夹住鞋子、裤脚的图片。

讨论：图片中发生了什么事？乘坐扶梯时，发生这样的紧急情况该怎么办？

小结：扶梯的上端和下端分别有红色的紧急制动按钮，如果发生了危险，要赶快按下紧急制动按钮，让扶梯停下来，等待专业人员救援。

4. 鼓励幼儿做小小电梯安全宣传员

发起倡议：小朋友们，我们都来做小小电梯安全宣传员，倡议大家安全文明乘坐电梯，减少电梯事故的发生。请大家来画一些遵守电梯规则的宣传海报。

教师发放海报纸、画笔，幼儿制作宣传海报。

讨论：你画的是什么，想告诉大家什么。把海报放到哪里，让谁看。

小结：让我们都做电梯安全的小小宣传员，让更多的人遵守乘坐电梯的规则，让电梯更好地为大家服务。我们把这些海报张贴出去吧。

（五）活动评价

第一，幼儿能结合自己乘坐电梯的经验讲述对电梯故障的认识，愿意分享自己应对电梯故障的办法，掌握了正确应对电梯故障的办法。

第二，幼儿乐意做电梯安全宣传员，能比较清楚地讲述乘坐电梯的安全知识。

（六）活动延伸

幼儿将电梯安全宣传海报张贴在安全宣传展板上，向全园幼儿宣传电梯安全知识；也可以把海报发放给幼儿园的家长和小朋友进行安全宣传。

(七)参考资源

电梯安全警示图片。

厢式电梯安全标示

内侧门　　　　外侧门

五、 主题单元幼儿表现评估

主题____________________

班级_______　　幼儿姓名______________　　教师姓名____________

评价者_____　　日期____________

评估准则：完全掌握或做到为 4 分；有时掌握或做到为 3 分；初步掌握或做到为 2 分；暂未掌握或做到为 1 分。

表 4　大班交通安全单元幼儿表现评估

学习目标	具体表现	1 分	2 分	3 分	4 分
认识交通标志，知道其分类及用途，能按交通标志行走					
了解马路上、电梯里存在的安全隐患，知道简单的逃生方法					
积累安全出行的生活经验，掌握自我保护的方法					
具有基本的安全出行意识，并能积极向身边的人做宣传					

大班社会安全

一、 主题单元背景资料

安全事故的发生会使幼儿的身心发展受到严重伤害，最终给家庭带来巨大的灾难。所以，关注幼儿的生命安全，设计并实施安全主题教育活动，增强幼儿的安全防范意识必不可少。

大班社会安全主题强调了解和分析幼儿的经验，在此基础上设计后续的活动；借助绘本《不要随便跟陌生人走》《我不会走丢》，引导幼儿反复思考应对问题的有效办法；借助故事“爱看热闹的壮壮”，帮助幼儿了解哪些人多的地方不能去，哪些人多的地方可以去但需要注意什么安全规则；借助从火车站、商场等公共场所拍摄的视频，帮助幼儿分析和找出相对安全的避难地点；借助情景表演和演习，让幼儿在真实的情景中使用所学的方法。在整个活动中，教师鼓励幼儿用文字、符号、图画来自主表达对故事的理解，以丰富幼儿的前书写经验，有助于幼儿学会握笔书写的基本方法，加深幼儿对口头语言词汇的理解。

二、 主题单元目标

第一，能根据不同的事件，知道相应的防拐的方法，遇到危险情况能大胆拒绝，提高自我保护意识。

第二，知道某些热闹的场所存在的安全隐患，增强安全意识。

第三，能判断哪些人多的地方可以去，哪些人多的地方不可以去。

第四，遇到走失的情况时，学会采用有效的办法自救。

第五，遇到公共安全事故时能镇定选择安全地点进行躲藏，能用简单、清楚的语言报警。

三、 主题单元环境创设

（一）墙饰创设

1. 不要随便跟陌生人走

板块一：粘贴幼儿的绘画。

幼儿绘画出自己心目中的陌生人（呈现关于陌生人的经验）。

板块二：分步骤阅读绘本《不要随便跟陌生人走》，以绘画和符号的方式将自己的思考记录下来。

思考一：对于蕾娜两次遇到陌生人时的做法，你同意吗？为什么？

思考二：看完绘本的最后一部分后，你有什么想法？

思考三：是不是所有的陌生人都是坏人，我们都需要远离呢？

板块三：幼儿将自己的想法说出来。教师记录下来，粘贴在墙面上。

师：我们已经知道，并不是所有的陌生人都是坏人，请继续思考两个问题。

思考一：在你不确定陌生人是好人还是坏人的情况下，有哪些事情是一定不能说的？有哪些事情是一定不能做的呢？

思考二：在面对陌生人时，有哪些事情是可以说的？在什么情况下可以对谁说？可以说什么？

板块四：粘贴幼儿绘画。

我们的约定：面对陌生人时我们应该怎么做。

幼儿面对陌生人时应该怎么做。

家长面对陌生人时应该怎么做。

教师面对陌生人时应该怎么做。

2. 人多的地方我不去

板块一：粘贴幼儿的绘画。

粘贴幼儿在活动中绘画的自己去过的人多的地方。

板块二：粘贴梳理记录表。

粘贴集体活动中幼儿梳理的记录表——哪些人多的地方可以去，哪些人多的地方不可以去。

板块三：粘贴幼儿与家长制作的家庭约定。

幼儿与家长一起制作家庭约定，内容是不去人多的地方凑热闹。

板块四：粘贴幼儿自制调查表。

幼儿调查家里谁喜欢看热闹，看过什么热闹，向家人传达看热闹可能存在的安全隐患，用自己的方式记录。

3. 我不会走丢

板块一：家庭情况我知道。

幼儿进一步了解自己家里的情况，将自己知道的内容以绘画的形式展现出来，并和小朋友进行交流。教师将小朋友绘画的卡片呈现在“家庭情况我知道”板块。

板块二：紧急电话我知道。

幼儿对紧急电话有一定的了解，利用区域活动时间，用绘画的方式画出知道的紧急电话，加深对紧急电话的印象，如110报警电话、120急救电话、119火警电话，牢记在什么情况下拨打什么电话。教师将游戏场景照片、紧急电话图文并茂的标志呈现在“紧急电话我知道”板块。

板块三：我不会走丢。

幼儿了解走丢后的办法以及在不同场所迷路时应该怎么办，画出迷路后的办法。教师将幼儿的作品进行展示。

4. 恶狼来了怎么办

板块一：通过案例分享，幼儿可以将自己认识到的坏人通过绘画进行表达，了解坏人给我们带来的危害，利用图文并茂的方式将绘画呈现在主题墙上。

板块二：通过观看不同场所的视频，幼儿提出自己觉得最安全的躲藏地方，用绘画的方式记录下来，把自己口语表达出来的报警信息用书写的方式记录下来，或者是绘画出拨打报警电话时应该给警察叔叔说清楚的内容有哪些。

板块三：教师在墙面上粘贴不同场所的图片以及可以躲避的地方的图片，

引发幼儿思考更多的公共场所及可以安全躲避的地方，将幼儿收集的相关资料呈现在主题墙上。

（二）区域活动

1. 阅读区

(1)投放关于在公共场所遇到问题怎么办的绘本供幼儿阅读，如《汤姆走丢了》《我不会走丢》等。

(2)提供和“人多的地方我不去”的内容相关的绘本供幼儿阅读。

(3)投放幼儿在美工区可以通过绘画方式续编的绘本故事。

2. 美工区

(1)提供画纸、蜡笔，幼儿绘画在公共场所能寻求帮助的地点或人的特征。

(2)提供硬卡纸、水彩颜料、黏土等制作家长手机号码牌的材料。

(3)提供纸、绘画工具供幼儿绘画“我走丢了该怎么办”的办法。

(4)提供纸和彩色笔供幼儿自主绘画或续编故事“爱看热闹的壮壮”。

3. 角色扮演区

游戏名称：狼和小羊。

游戏材料：狼和小羊的头饰若干，不同场所安全躲藏的地方的图片若干。

场地布置：把不同场所可以安全躲藏的地方的图片分开粘贴在表演区内。

游戏玩法：老狼在前面走，小羊(根据情境角色扮演)跟在后面边走边齐声问：“老狼老狼几点钟?”老狼回答“一点钟”“五点钟”等。小羊问：“老狼老狼你在哪儿?”根据老狼回答的地点进行躲避。当老狼回答“在幼儿园”时，老狼就会转身追小羊，小羊就要快速跑到在幼儿园可以安全躲避的地方(如贴有柜子、桌子图片的地方)。如果慢了或是没有找到相应的安全地点躲避，就会被老狼发现，然后被捉走(淘汰)。

游戏规则：

(1)小羊必须在老狼说出地点后，才可以躲避。

(2)小羊躲避的地方必须对应老狼说出的地点。如躲到其他地点，老狼可以将其捉走。

(3)如果没有找到相应的安全地点躲避，就会被老狼捉走。

(三)班级文化

班级文化包含了班级所有成员共同的信念、价值观和态度。

1. 教师与家长

在班级文化中，我们将教师和家长放在一个层面来讲。在过去，对于主题活动的开展，人们总是认为教师和幼儿才是主体，而家长起配合作用。这一次利用网络开展主题活动，家长扮演着和教师同样的角色。这样一来，活动的开展才有事半功倍的效果，在增进亲子关系的同时使家长深入理解了幼儿教育的内涵。

聆听幼儿：社会安全教育的第一步是了解幼儿，了解幼儿的重要途径是聆听幼儿，了解幼儿的经验。要用恰当的话题引发与幼儿交流，对幼儿的理解和感受表示赞同。当幼儿觉得成人能理解他的感受时，他会更加乐意接受成人进一步的帮助和建议。

接纳幼儿：每一次活动开展前，教师与家长要先了解幼儿对这个话题、这件事情的认识。活动过程中，幼儿常常要表达自己对某件事情的认识。无论幼儿的认识和回答是什么，教师与家长都要善于接纳。因为只有在肯定和接纳的前提下，幼儿的内心才是打开的，成人才可能成为幼儿成长的引领者。

影响幼儿：对幼儿来讲，社会安全通常比较大和空。如果只是单纯地说教，幼儿无法真正入脑入心。多数情况下，幼儿也想了解成人的想法。教师与家长应该诚恳地将自己的想法告诉幼儿，要使用幼儿能听懂的语言给予幼儿恰当的帮助；要身体力行，以朋友、同伴的身份去影响幼儿。

2. 幼儿

爱动脑，积极思考：批判地思考是学习中的一项重要能力。对于每一次主题活动，教师都使用了绘本、游戏等载体来开展，并非直接地说教。在活动前、中、后，幼儿都要针对问题积极思考。

有主见，大胆表达：在活动中，幼儿知道每个人的想法可能不一样，能倾听和接受别人的意见；与别人的看法不一样时，敢于坚持自己的意见并说出理由；针对教师的提问，能有自己的思考和想法，并能表达出来。

能实践，总结经验：学以致用才是主题活动开展的真正目的所在。在教师设计的游戏中，幼儿获得的经验会得到巩固。主题活动的开展涉及自制调查表。幼儿根据自己的调查结果进行总结，并想办法解决问题。

四、 主题单元教育活动方案

大班活动 1：我不认识你

（一）活动背景

5~6 岁的幼儿已经知道不跟陌生人走，不吃陌生人给的东西，不玩陌生人给的玩具等，但是，是不是所有的陌生人都是坏人呢？所有的陌生人和自己讲话都不能回应吗？当自己或别人遇到困难时也不能和任何陌生人讲话吗？此次活动旨在帮助幼儿通过阅读绘本，知道当遇到陌生人时应该怎么做，引发幼儿思考是不是所有的陌生人都是坏人，在不同的情况下面对陌生人不可以说什么、不可以做什么。

本主题活动的开展强调了解和分析幼儿的经验，在此基础上设计后续的活动，借助绘本《不要随便跟陌生人走》，引导幼儿反复思考应对问题的有效办法。

（二）活动目标

第一，知道面对陌生人时，哪些事情能做，哪些事情能说。

第二，提高对陌生人的辨别能力，知道对不熟悉的人要提高警惕，不跟陌生人走，防止上当受骗。

第三，树立初步的防范意识。

（三）活动准备

第一，绘本《不要随便跟陌生人走》。

第二，幼儿绘画“心目中的陌生人”。

第三，幼儿知道不跟陌生人走，不随便相信陌生人说的话。

（四）活动过程

1. 鼓励幼儿画出自己心目中的陌生人

幼儿呈现对陌生人的理解。

师：小朋友们都知道不吃陌生人给的东西，不能跟陌生人走。那么，到底陌生人是什么样子的呢？

2. 引导幼儿分步骤阅读绘本《不要随便跟陌生人走》，以绘画和符号的方式将自己的思考记录下来

(1)师幼共同阅读绘本第一部分(1~6页)。

思考一：对于蕾娜两次遇到陌生人时的做法，你同意吗？为什么？(教师与幼儿共同梳理总结)

第一次：

第二次：

通过阅读绘本第一部分，幼儿大胆讲出了自己的想法，教师将幼儿的想法

进行了总结。

意见	人数	内容	其他
同意	14 人	1. 快速远离了陌生人；2. 跑回学校，学校是安全的地方；3. 告诉同学要注意警惕陌生人；4. 逃离了一次危险；5. 自己一个人能注意周围有没有陌生人接近她；6. 很有安全意识；7. 和同学讨论，想出更好的办法	出现频率较多的方法有：14 人提到跑回学校是最安全的，8 人提到应该告诉同学注意警惕陌生人，5 人提到打电话告诉警察叔叔，3 人提到向旁边的叔叔阿姨求救
不同意	4 人	1. 当妈妈叮嘱她“不要跟陌生人走，过马路时要当心”时，蕾娜没有认真听；2. 发现坏人时不要慌乱，过马路时要注意没有车才能通过，蕾娜飞快地冲回学校是不安全的；3. 蕾娜应该告诉警察叔叔	
同意并提出新的办法	9 人	1. 可以告诉教师；2. 打电话给警察叔叔；3. 向穿制服的工作人员求救；4. 可以利用电话手表打电话给妈妈；5. 可以大声呼救，寻求帮助；6. 请旁边的叔叔阿姨帮忙	

意见	人数	内容	其他
同意	5 人	1. 和同学一直在一起，还想出了好办法；2. 去敲别人家的门寻求帮助，如果有人就会帮助她；3. 吹哨子声音大，可以吓住陌生人；4. 小朋友想出的都是对的办法，可以远离陌生人，吓住陌生人；5. 小朋友们都记得妈妈教的遇到坏人时应该怎么做的方法	出现频率较多的方法有：13 人提到了返回学校找老师帮忙；15 人提到了要联系自己的爸爸妈妈；6 人提到了打电话告诉警察叔叔；4 人提到了向旁边的叔叔阿姨或是穿制服的叔叔阿姨求救；3 人提到了往人多的地方走，走大路，不走小巷子
不同意	5 人	1. 应该赶紧回家，不要停留，爸爸妈妈会担心；2. 她们的方法不对，如果对陌生人吹口哨，可能会被抓走	
同意并提出新的办法	17 人	1. 立即回学校找老师或保安叔叔，打电话给爸爸妈妈；2. 利用电话手表联系爸爸妈妈；3. 找警察叔叔，寻求帮助；4. 往行人多的地方走，不要一直停留在那里；5. 可以向大人求助；6. 走大路，不走小巷子；7. 向认识的人寻求帮助或找穿制服的叔叔阿姨帮忙	

(2)师幼共同阅读绘本第二部分(7~12页)。

思考一：看完绘本后的最后一部分，你有什么想法？(幼儿大胆表达出自己的想法，师幼共同总结)

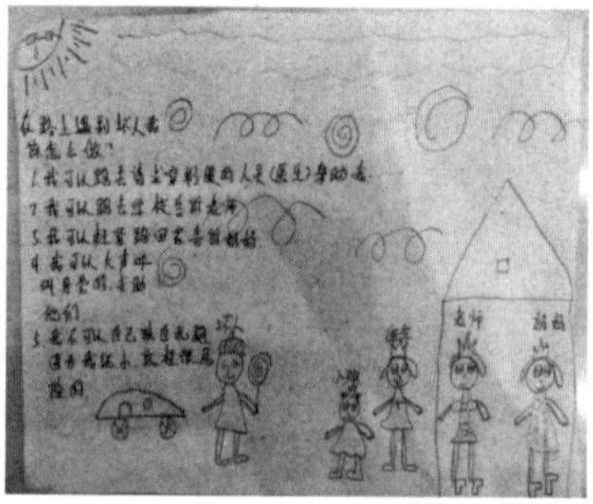

小结：小朋友们已经把绘本看完了，很多小朋友提出当遇到陌生人时应远离陌生人，还提出了很多自我保护的方法。例如，可以回学校告诉老师，可以打电话给爸爸妈妈或警察叔叔，可以大声呼救寻求帮助……

思考二：是不是所有的陌生人都是坏人，我们都需要远离呢？

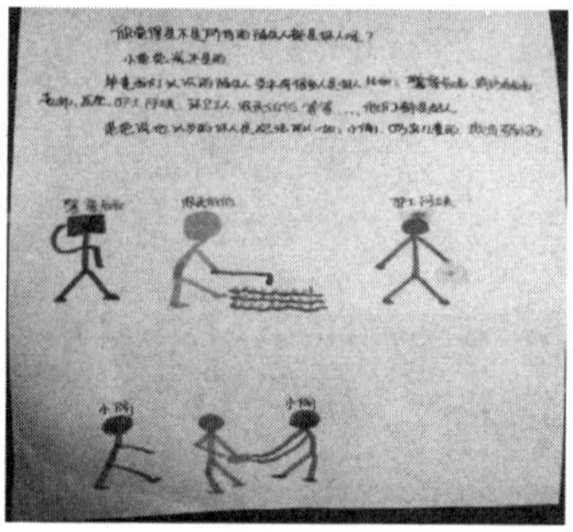

小结：通过幼儿的分享，大家都觉得不是所有的陌生人都是坏人。例如，

警察叔叔、医生、保安等工作人员，帮助我们的陌生叔叔阿姨就是好人；像小偷、骗子、拐骗小朋友的都是坏人；和你搭讪并给你糖吃的人可能是坏人。

(3)说一说：我们都已经知道并不是所有的陌生人都是坏人，请继续思考两个问题，一起听听小朋友们怎么说。

思考一：在你不确定陌生人是好人还是坏人的情况下，有哪些事情是一定不能说的？哪些事情是一定不能做的呢？

小结：当你不确定陌生人是坏人还是好人时，家庭地址、自己及家人姓名、开门密码、手机密码、电话号码等都是一定不能说的；还不能吃陌生人给的东西，不能玩陌生人给的玩具，不能跟陌生人走，不能答应陌生人的要求。

思考二：在面对陌生人时，有哪些事情是可以说的？在什么情况下可以对谁说？可以说什么？

小结：遇到困难时，我们可以向一些穿制服的陌生叔叔阿姨寻求帮助，如警察、医生、售货员等。当我们和爸爸妈妈走散时，可以跟警察叔叔说出爸爸妈妈的电话号码和家庭住址；当我们生病的时候，我们可以告诉医生、护士爸爸妈妈的电话号码和家庭住址；当陌生人向我们问路时，我们可以告诉他，但不要带他去。

(五)活动评价

幼儿用文字、符号、图画来自主表达自己对故事的理解，知道不是所有的陌生人都是坏人，能口头表述在面对不同的陌生人时采取的一些方法、措施。

(六)活动延伸

1. 我们的约定：面对陌生人时我们应该怎么做

幼儿面对陌生人时应该怎么做。

家长面对陌生人时应该怎么做。

教师面对陌生人时应该怎么做。

2. 游戏：我问你答

活动目标或游戏价值如下。

(1)游戏中能认真倾听并能做出正确判断，选择能或不能。

(2)提高专注性和辨别能力，增强身体反应的灵敏性。

（3）巩固在面对陌生人时不能做的事情、能说以及不能说的内容等相关知识。

活动材料：不同场所的卡片（厕所、超市、学校、家等），家庭基本信息卡片（家庭住址、电话号码、手机密码等），不同职业人员的卡片（警察、医生、售货员、老人、小朋友等），呼啦圈若干。

游戏环节	游戏玩法	游戏规则
玩法一：我问你答	两人玩： 1. 准备不同场所和家庭基本信息的卡片、不同职业人员的卡片，两组卡片分别放在桌子左右两边 2. 两名幼儿相对坐下，一名幼儿双手同时拿起左右两组中的一张卡片，并根据两张卡片内容提出问题，另外一名幼儿做出判断并回答能或不能。幼儿回答正确，就可以将相应的卡片收回，直到卡片用完为止。谁手里的卡片最多，谁为胜者 例如，幼儿左手抽到电话号码，右手抽到警察，可以提问：爸爸妈妈的电话号码能告诉警察吗？另一名幼儿回答：能。幼儿可以将电话号码卡片和警察卡片收回	1. 提问的幼儿必须根据两张卡片的内容提出相应的问题。如没有提出相应问题，则两名幼儿交换进行问答游戏 2. 幼儿必须回答正确才能收回相应的卡片
玩法二：我问你答	多人玩： 1. 准备不同场所和家庭基本信息的卡片、不同职业人员的卡片，两组卡片分别放在桌子左右两边 2. 幼儿坐在桌前准备抽卡片，另外几名幼儿分别站在桌子前方两米的位置。幼儿前面放一个呼啦圈。一名幼儿双手同时拿起左右两组中的一张卡片，并能根据两张卡片内容提出问题。另外几名幼儿判断能或不能，并快速做出选择（能则幼儿跳进呼拉圈里，不能则幼儿原地不动） 3. 幼儿回答正确的可以把相应卡片收回，直到卡片用完为止。谁手里的卡片最多，谁为胜者	1. 提问的幼儿必须根据两张卡片的内容提出相应的问题。如没有提出相应问题，则从答题者中换一名幼儿进行游戏 2. 回答问题：如果答案是能，必须跳进呼拉圈里；如答案是不能，则原地不动

（七）参考资源

[德]佩特拉·敏特尔，[德]萨比娜·威默斯．不要随便跟陌生人走[M]．刘敏，译．青岛：青岛出版社，2018.

大班活动 2：人多的地方我不去

（一）活动背景

围观、看热闹是很多人的习惯，可是围观可能会造成踩踏事故等，后果无法预估。大人都是如此，更何况是幼儿。幼儿自身缺乏危险意识，在好奇心的趋使下更喜欢往人多的地方跑，很容易发生危险。

5~6 岁幼儿不再满足于了解事物的表面现象，遇到什么事情都想要刨根问底，带有强烈的求知欲和好奇心。他们虽然已经初步了解了一些安全知识和简单的自我保护方法，但看到人多的地方总想去看看发生了什么事，常常因为有强烈的好奇心和求知欲而致意外事故的发生。

教师通过绘本《爱看热闹的壮壮》，引发大班幼儿思考“如果绘本中的小朋友是你，你会怎么办呢”；通过提问，让幼儿用自己的方式记录自己的想法。然后，教师把幼儿不同的想法收集起来，引导幼儿分析哪些人多的地方可以去，要注意什么，哪些人多的地方不能去，为什么，以此增强幼儿的自我保护能力。

（二）活动目标

第一，了解拥挤可能引发危险，知道尽量远离拥挤的场所；知道哪些人多的地方可以去，需要注意什么。

第二，知道某些热闹场所存在的安全隐患，增强安全意识。

（三）活动准备

第一，自制绘本《爱看热闹的壮壮》（各地区老师可以根据具体情况调整绘本内容）、纸和笔。

第二，幼儿去过人多的地方。

（四）活动过程

1. 组织幼儿开展谈话活动

师：小朋友们，你们去过哪些人多的地方？（幼儿用自己喜欢的方式记录自己去过的人多的地方）

教师引出绘本《爱看热闹的壮壮》。

2. 带领幼儿看绘本

教师带领幼儿观看绘本《爱看热闹的壮壮》。

3. 引导幼儿讨论

(1)看绘本1~6页，思考：壮壮去了哪里？发生了什么事？你认同壮壮的行为吗？为什么？

(2)看绘本7~10页，思考：壮壮又发生了什么事？你喜欢看这样的热闹吗？为什么？

(3)看绘本11~14页，思考：壮壮的手为什么受伤了？如果是你，你会怎么做？

看完绘本后思考：壮壮去的人多的地方和我们去的人多的地方有什么不一样？(如我上次去看爷爷差点走丢，我从来不去看别人吵架，我看见小狗不会去逗它)

还有哪些人多的地方是不可以去的？为什么？

师：所有人多的地方都不能去吗？哪些人多的地方是可以去的？

幼：不是的，医院、学校、商场、超市、电影院、餐馆都可以去。

师：去这些人多的地方需要注意什么？

幼：要排队、不乱跑、不推挤。

4. 鼓励幼儿绘画记录

幼儿用自己喜欢的方式记录生活中还有哪些人多的地方不能去，哪些人多的地方可以去。

(五)活动总结

拥挤的地方尽量不去。如果遇到拥挤的人群，要让爸爸妈妈抱着或拉紧自己；人多的时候不要慌乱，慢慢跟着人群走，千万不要在人群中挤，要靠着墙壁或抱紧大的柱子；在人群中走动遇到台阶或楼梯时，尽量抓住扶手，防止摔倒；在走动的人群中，一定不要蹲下提鞋或捡东西。

(六)活动评价

通过阅读及讨论绘本故事，幼儿能判断生活中哪些人多的地方可能存在安全隐患，了解了在人多的地方应该遵守什么规则，以及用什么方法来保护自己。

(七)活动延伸

1. 游戏“击鼓传花”

游戏材料：花(或一件玩具)、鼓。

游戏场地：空旷的户外场地或者较宽敞的教室。

游戏玩法：参与者先围成一个圈坐好，一名幼儿击鼓。当击鼓者开始击鼓时，花或玩具就开始按照从左往右或从右往左的顺序一个接一个地传。当鼓声停止时，花(玩具)到谁的手上，谁就要说出一个人多可以去的地方或人多不能去的地方，并说出原因。

游戏规则：鼓声停止时不能继续传递，否则违规，暂停游戏一次。

2. 幼儿自制调查表

统计家里谁喜欢看热闹、看过什么热闹，总结经验，向家长传达爱看热闹可能产生的安全隐患。

3. 幼儿与家长的约定

(1)在日常生活中遇到事故现场不要去围观、拍照、看热闹。

(2)在人多的地方有序排队，不去拥挤。

(3)发生事故时，做好自我保护。

(八)参考资源

这时，小狗突然张嘴朝着壮壮咬去！他的右手被咬伤了。
5.
6.
???
妈妈只能带着他去医院打狂犬疫苗。
壮壮一边哭着，
妈妈一边很严厉地对他说：
再也不准去看热闹了！
打完疫苗的壮壮又被熙熙攘攘的声音吸引过去了……
7.
8.
面
???
“这两个叔叔在争吵什么呀？好想知道。”壮壮津津有味地听着他们吵架。
一位同样在看热闹的叔叔不小心一脚踩到了壮壮的小脚。“哎呦哎呦”壮壮叫着。
9.
10.
“跟你说了别看热闹，人多的地方很容易发生踩踏，如果发生了严重的踩踏，你就会摔跤，妈妈就找不到你了！”妈妈一边走着一边教训着壮壮。
可是……哎，热闹的吸引力太大了，壮壮呀壮壮，你多久才能不凑热闹呢。
11.
12.
这么大的车，原来是搬家公司的呀。“咦，是谁搬来我们家小区了？他家的家具真好看呀。”壮壮一边欣赏这一车的家具，一边自言自语，完全没有注意到工人叔叔们正在着急地搬运着家具。工人叔叔们也没发现矮小的壮壮。
突然工人叔叔手一滑，一张桌子摔下了车，直直地向壮壮砸去。“啊！妈妈！呜呜呜……”这一下把工人叔叔们吓惨了，把壮壮也砸伤了……
13.
14.
妈妈又带着壮壮来到了医院，这一次他的手臂折了，需要裹很久很久的绷带了。“妈妈，我再也不去凑热闹了，真的太危险了，呜呜呜呜……”你们说，壮壮以后还会去人多的地方看热闹吗？
医院

大班活动3：我不会走丢

(一)活动背景

走丢无论是对孩子还是对父母来说都是一场灾难。即使家长看得再严再紧，也会有一刹那的闪失，百密一疏。孩子和家长走散后，容易因为慌乱而到处乱走，导致离走失地越来越远；或者因为自身没有危险意识，容易轻信陌生人而跟随陌生人离开。

5~6岁幼儿已经初步了解了一些安全知识，掌握了一些简单的自我保护方法，知道不吃陌生人给的东西，不跟陌生人走，外出时不擅自离开家人的视线单独活动。他们看待问题开始有了自己的见解，迫切想长大，想要独立做很多事情，如自己上幼儿园，自己下楼买东西等。他们总觉得自己已经长大了，可以独立完成很多事情。

为了进一步引导幼儿学习走失后如何自救，教师通过绘本《我不会走丢》引发幼儿思考“如果绘本中的小朋友是你，当你走丢了你会怎么办”，通过提问，让幼儿用自己喜欢的方式记录下自己的想法；接着把幼儿不同的想法和做法收集起来，和幼儿一起分析；然后对绘本中的六个办法进行分析，让幼儿知道走丢后可以采取哪些方法，在不同情况下用不同的方法自救，并且利用游戏让幼儿体验走丢后的具体办法。

(二)活动目标

第一，知道走丢后不要慌张，要冷静。

第二，知道遇到走丢的情况时，采用有效的办法自救。

(三)活动准备

第一，绘本《我不会走丢》、彩笔、白纸、自制名字卡牌、公共场所工作人员的图片。

第二，幼儿了解一些走丢后的处理方法。

(四)活动过程

1. 谈话导入

师：小朋友们有没有走丢的经历呀？

教师引出绘本。

2. 讲述绘本

(1)讲述绘本第一部分。

师：他们为什么会走丢呢？如果你是故事中的小朋友，你会怎么办呢？

3. 引导幼儿自由讨论

通过讨论，幼儿找到了很多走丢后的办法。教师引出绘本中走丢后都用了哪些方法，与幼儿讨论这些方法是否合适。

4. 讲述绘本中的办法一至办法四

办法一：待在原地不动，爸爸妈妈会来找我的，这样比较容易找到我(假如我们提前约好了地点，那就去会和地点，会和地点必须容易找到，而且非常容易辨认)。

办法二：请某个人打爸爸妈妈的手机，号码牢记于心或者随身携带。

办法三：请人叫警察。

办法四：不要跟任何人去别的地方打电话。

师：哪些小朋友之前就想到这几个办法了呢？这几个办法你是否同意呢？为什么同意？为什么不同意？

幼儿通过投票的方式表达自己的意见(将办法一到办法四的图片贴在墙面第二部分，问幼儿谁都想到了这些办法。在办法的下面做上标记，如自制的名字卡牌、自制的点赞)。

5. 讲述绘本中的办法五

办法五：去一个人多的公共场所，如学校、商场等，在那里找到工作人员寻求帮助。

师：商场都有哪些工作人员呢？你是怎么分辨出来的？找到后如何礼貌地求助？(将幼儿画的公共场所工作人员的形象贴在墙面第三部分)

6. 讲述绘本中的办法六

办法六：别慌张，因为只有保持冷静，才能更好地思考。

7. 引导幼儿讨论

我们可能会在哪些地方走丢？你在哪里走丢过？在这个地方走丢后，你认为用哪些方法比较合适呢？(整理出幼儿说的容易走丢的地方以及他们用到的方

法，将这些内容贴在“我不会走丢”的主题墙面上)

（五）活动评价

通过讲述绘本，幼儿反复思考教师提出的问题并能用绘画、语言、符号等方式表达自己的想法，以及在不同场所、不同情况走丢时的应对策略，懂得利用有效的方法进行自救。

（六）活动延伸

1. 家园互动

通过绘本，幼儿已经掌握了走丢后进行自救的办法。活动后幼儿回家与父母分享今天学到的走丢后的自救办法，并与父母制定走丢后的相关约定。

2. 体验活动

目的：体验走丢后的感受。

准备：蒙眼布。

玩法：可以一次蒙上5~8名幼儿的眼睛，让他们自由活动，体验并说说走丢后的感受。

3. 拓展游戏

游戏一：头发肩膀膝盖脚

目的：巩固6种走丢后自救的办法。

准备：6种办法的卡片(这6种卡片上写的是《我不会走丢》绘本上的6种办法)。

玩法：抢卡片。

游戏需要两个人一起玩。游戏中幼儿需要听清楚口令，快速抢到卡片，谁抢到的卡片最多谁就获胜。

口令：

头发肩膀膝盖脚，左边第一张。

头发肩膀膝盖脚，右边第二张。

头发肩膀膝盖脚，从左往右第二张。

头发肩膀膝盖脚，从右往左第一张。

头发肩膀膝盖脚，左边第二张。

头发肩膀膝盖脚，抢。

游戏二：我不会走丢

目的：掌握走丢后的自救方法。

准备：骰子、“我不会走丢”棋。

棋面创设：用漩涡形状将棋面创设 38 步，其中 22 格为数字，16 格为任务，数字和任务要进行交替。任务分别有前进两格，退后一格，停一次，3 个地雷表示踩到就必须回到原点，商场走丢说说你想到的 3 个办法，郊游时走丢说说你想到的 3 个办法，校门口走丢时你想到了哪些办法，走丢后有人带你去别的地方你会怎么办，走丢后见到警察如何求助，说出你爸爸的手机号码，说出你家的住址，说出你妈妈的手机号码，说出报警电话，在商场走丢可以寻求哪些人帮助。

玩法：将棋面打开，两人用掷骰子或者剪刀石头布的方式决定谁先走，根据棋上的指令和指示进行游戏，先到达终点者即为获胜。

（七）参考资源

[德]达柯玛尔·盖斯勒．我不会走丢[M]．康萍萍，译．沈阳：辽宁人民出版社，2016.

[法]马斯尼，[法]巴文．汤姆走丢了[M]．梅莉，译．郑州：海燕出版社，2016.

大班活动 4：恶狼来了怎么办

（一）活动背景

大班幼儿年龄较小，自我保护意识比较弱，公共袭击事件对于他们来说是比较陌生的。因此，幼儿了解相关防护知识，掌握基本的自我保护方法是非常有必要的。

为了直观地帮助幼儿增强自我保护意识，教师将部分公共安全事件转化为幼儿能够听懂和接受的文字讲给他们听，并由此设计了此次活动。

（二）活动目标

第一，学会使用简单、清楚的语言报警。

第二，当遇到危险分子时，能选择安全的地方躲避。

第三，增强自我保护能力和意识。

(三)活动准备

第一，水彩笔、绘画纸、不同场所的视频。

第二，幼儿知道生活中有坏人，有初步的安全意识。

(四)活动过程

1. 谈话活动引入主题

师：小朋友你们知道什么是公共安全事故吗？(幼儿自由讲述对公共安全事故的理解)

2. 播放不同场所的视频，帮助幼儿了解在不同场所遇到危险犯罪分子时应该采取正确的应对方式

提问：当遇到危险犯罪分子的时候，我们应该怎么做呢？

小结：小朋友们说得都对，我们应该尽量找到安全、隐蔽的地方躲起来。

教师播放不同场所的视频，幼儿根据视频中的场景进行现场演戏(幼儿指出视频中能安全躲避的地方)。

3. 组织幼儿开展活动“报警电话我知道”

师：当安全的时候，我们可以拨打“110”报警电话。

提问：拨打“110”报警电话的时候，我们要对警察叔叔说些什么呢？

告诉幼儿在拨打“110”报警电话时要讲清楚的内容：具体地点、人物、事件等。

活动后幼儿把自己口语表达出来的报警信息记录下来，或者画出拨打报警电话时应该说清楚的内容，做到图文并茂。

(五)活动评价

通过观看视频，幼儿了解了在不同场所遇到坏人时选择安全、隐蔽的地方进行躲藏，知道了拨打“110”电话时使用简单、清楚的语言报警，进一步了解了危险情况下自救、逃生的方法。

(六)活动延伸

1. 用幼儿能听懂的语言解说安全知识

出现关于危险分子的新闻播报、宣传视频、网络报道时，成人要以幼儿能理

解的语言对幼儿进行说明，让幼儿了解与其相关的安全知识，帮助幼儿巩固并丰富面对危险分子时的应对方法。

2. 家园互动、信息共享

营造和谐的家园氛围，调动家长参与的积极性。幼儿已知一些遇到危险分子时的安全知识，家长需通力配合幼儿园，帮助幼儿掌握应对危险分子的方法。家长可以带领幼儿到不同的场所实地考察，再根据不同的场所来引导幼儿学会选择安全的地方进行躲避，现场与幼儿一起判断躲避的地方是否安全并拍照带回幼儿园与同伴进行信息共享，使幼儿获得更多应对危险时刻的安全知识，加强自我保护意识。

3. 游戏名称：听口令，抢椅子

活动目标或游戏价值如下。

(1) 游戏中能认真听并根据之前规定的抢椅子口令，快速、准确地做出抢椅子的反应。

(2) 提高专注性和辨析能力，增强身体反应的灵敏性。

(3) 巩固对不同公共场所对应的安全躲避地点、报警时需说清楚的内容等相关知识的认识。

活动材料：小椅子 6 张、不同公共场所躲避地方的图片、报警电话以及报警语言内容(地点、人物、事件)的图片。

游戏环节	游戏玩法
玩法一	把椅背相接围成一个圆圈，椅子上放有不同公共场所安全躲避地方的图片，幼儿背对椅子并提出问题，如当你在火车站遇到危险犯罪分子时，你会选择哪里进行躲避？幼儿听口令。当听到单数时，幼儿向前走一步；当听到双数时，幼儿转身跑向椅子找到相应的图片。抢到相应图片的幼儿可以继续游戏，没有抢到的幼儿被淘汰，游戏最后留下的一名幼儿获胜
玩法二	把椅背相接围成一个圆圈，椅子上放有不同公共场所安全躲避地方的图片，幼儿背对椅子并提出问题，如当你打电话给警察叔叔报警时，你需要说清楚哪些重要内容？幼儿听口令。当听到蔬菜时，幼儿向前走一步；当听到水果时，幼儿转身跑向椅子抢相应的图片。抢到相应图片的幼儿可以继续游戏，没有抢到的幼儿被淘汰，游戏最后留下的一名幼儿获胜

(在活动延伸部分，教师可以在墙面上粘贴各种不同场所的图片以及这些场所可以躲避的地方的图片，引发幼儿思考更多的公共场所及可以安全躲避的地方，将幼儿收集到的相关资料呈现在板块三主题墙面上)

五、 主题单元幼儿表现评估

主题__________________

班级_______　　幼儿姓名_____________　　教师姓名___________

评价者_____　　日期___________

评估准则：完全掌握或做到为 4 分；有时掌握或做到为 3 分；初步掌握或做到为 2 分；暂未掌握或做到为 1 分。

表 5　大班社会安全单元幼儿表现评估

学习目标	具体表现	1 分	2 分	3 分	4 分
了解和掌握一些防拐的方法，遇到危险情况能大胆拒绝，提高自我保护意识					
了解拥挤可能引发危险，知道尽量远离人多拥挤的场所，增强安全意识					
能判断哪些人多的地方可以去，哪些人多的地方不可以去					
遇到走失的情况时，学会采用有效的办法自救					
遇到公共安全事故时能镇定选择安全地点进行躲藏，会使用准确的报警语言报警					

大班居家安全

一、 主题单元背景资料

家庭是最基本的社会生活单位，为幼儿的健康成长提供了良好的物质环境和温馨的心理归宿。但近年来，和居家安全相关的事故时有发生。居家生活中，由于生活物品多，涉及水电燃气、洗涤用品、各类工具以及家庭宠物等，因此有一定的安全隐患。虽然大班幼儿已经具备了一定的居家生活适应能力和安全防范能力，但作为成长中的独特个体，他们接触的家庭环境以及具有的安全能力有所差异。针对居家安全的教育尤显重要。

本主题从水电燃气安全入手，针对洗手间、厨房等居家生活中危险系数相对较高的场所，引导幼儿关注和发现家庭生活中可能存在的危险，了解正确的应对措施；从涉及用具安全入手，针对幼儿可能会接触和使用的工具，引导幼儿了解工具的正确使用方法，懂得使用工具时安全防范的措施；从宠物安全入手，针对宠物这一特殊的家庭成员，引导幼儿知晓如何安全地和宠物玩耍，懂得被抓伤咬伤后应正确处理和及时就医。本主题活动能够提升幼儿的居家安全意识，对增强幼儿的危险应急能力起到一定的作用。

二、 主题单元目标

第一，知道厨房、卫生间等场所中常见设施设备的正确使用方法，了解其可能存在的危险，掌握正确的应急处理方法。

第二，认识去皮器、开核器、分割器等居家生活中的常见工具，知道它们的用途，并在成人监护下尝试使用这些工具。

第三，能够正确地和宠物玩耍，了解被抓伤咬伤后的正确处理措施。

第四，能迁移经验，主动学习，观察和发现家庭其他场所及生活环节可能存在的安全隐患，懂得远离危险，提高自我保护的意识和能力。

三、主题单元环境创设

(一)墙饰创设

结合本主题的目标、内容和大班幼儿的年龄特点，墙饰创设以幼儿可自行操作的磁性板或软木板为底板，配以磁性操作材料或图片、工字钉等操作材料，分为“居家安全找一找”“工具安全做一做”“我和宠物玩一玩”三个板块。

“居家安全找一找”。此板块分为两部分：第一部分按照家庭中各个“房间”，分类展示幼儿记录的居家安全中可能存在的危险及防范危险的方法；第二部分是一张较为详细的“家”的平面图(能清楚看出“客厅”“卧室”“卫生间”“厨房”等房间里的家具、设备)，鼓励幼儿根据大家的观察记录结果，统计出家庭中最易发生危险的地方和对应的防范措施，并用图文方式在平面图上标注出来。

“工具安全做一做”。此板块分为两部分：第一部分展示幼儿尝试运用各种常见工具的照片以及自己最想告诉同伴的话；第二部分为“危险在哪里”，展示去皮器、开核器、分割器等居家常用工具的图片，提供吸铁石或笔供幼儿标注出可能存在危险的地方。

“我和宠物玩一玩”。此板块分为两部分：第一部分展示幼儿和宠物互动的照片；第二部分根据宠物品种、居住方式等进行归类(如猫、狗、龟、仓鼠等)，提供行为判断图片(正确地和宠物互动的行为、错误地和宠物互动的行为)，鼓励幼儿判断出正确行为。

(二)区域活动

1. 阅读区

(1)提供和居家安全相关的绘本、游戏书，幼儿通过阅读了解居家安全的相关知识。

(2)提供绘画笔、纸、安全装订机、装订好的空白书、居家素材的废旧画报等材料，幼儿自制居家安全图书。

2. 科学区

(1)提供常见工具(如去皮器、开核器、分割器、扳手等)使用方法的图片、图书，丰富幼儿关于安全使用工具的常识。

(2)提供去皮器、开核器、分割器等常见工具以及水果、坚果等，供幼儿在教师的监护下尝试操作，比较使用工具和不使用工具的区别，体验工具带来的便捷。

3. 益智区

(1)提供和居家安全内容相关的游戏棋、游戏牌、迷宫等，巩固幼儿的居家安全常识。

(2)提供半成品的迷宫、居家素材的废旧画报、绘画笔等材料。

(三)班级文化

1. 引发幼儿主动观察和发现居家生活中的安全隐患

大班幼儿对周围生活具有一定的敏感性和好奇心。本主题所呈现的仅仅是有关居家生活的较为典型的安全知识，并不能涵盖居家生活的全部。教师应结合主题，通过多种形式的活动，引导幼儿主动观察和发现居家生活中存在的安全隐患，思考规避、防范安全隐患的措施与方法，鼓励幼儿用图文记录、语言交流等方式与同伴分享，积累和丰富相关的居家安全经验。

2. 引发幼儿主动学习和掌握常见设施设备、工具的正确使用方法

居家生活中各种常见的设施设备、工具的使用，是幼儿成长中不可规避的问题。大班幼儿对各种事物具有强烈的好奇心，且具有一定的使用常见设施设备、工具的愿望和能力。教师应充分考虑幼儿的兴趣和需要，与家长一起引导幼儿学习和了解常见设施设备、工具的正确使用方法，并为幼儿创设尝试使用锤子、锯子、螺丝刀等工具的机会。

四、 主题单元教育活动方案

大班活动1：不在洗手间玩耍

（一）活动背景

洗手间是家庭中重要的场所。它虽然可能是家庭居室中最小的一处，但安全隐患并不少，地面湿滑、设备安装或使用不当、在洗手间跑跳等极易造成摔伤、撞伤、烫伤、触电、溺亡等事故。本活动基于大班幼儿居家生活的实际经验，引导他们自主观察和发现卫生间里的安全隐患，有助于他们自觉约束和规范自己在卫生间的行为，从而更好地保障安全。

（二）活动目标

第一，了解洗手间里可能存在滑倒、碰伤、溺水、烫伤、触电等危险，会造成意外伤害事故。

第二，知道通过保持地面干燥、不在洗手间玩耍或长时间逗留、安全摆放各种用品等方式能减少意外事故的发生。

第三，愿意主动观察和发现居家生活中可能存在的危险，并用自己喜欢的方式进行记录和交流。

（三）活动准备

第一，洗手间图片(大图片一张，每组一张稍小的图片)。

图意：

浴缸上方的淋浴龙头开关侧向热水标识一侧，浴缸里冒着热气，水太满溢了出来；

电热水器的插头靠近淋浴龙头，插座没有安装防水盖；

马桶盖子开着，马桶前面有一个垫脚的小凳子；

洗手池旁边的低矮墙壁上有一个水龙头，水龙头开着，下方是一个装了水的水桶。

第二，自制课件“安全侦探告诉你”。第一部分用图文形式说明卫生间存在的安全隐患和可能造成的危险，第二部分用图文形式说明避免危险的方法和措施。

第三，每组若干水笔。

第四，幼儿具有一定的安全意识和安全常识，有独立如厕的经验。

（四）活动过程

1. 引导幼儿观察卫生间图片，查找卫生间里的安全隐患

(1) 了解“安全小侦探”的任务。

师：(出示图片) 卫生间里藏着一些危险，今天请小朋友们都来当“安全小侦探”，把这些危险找出来。

(2) 自由分组，观察和查找卫生间的安全隐患。

幼儿自由分组，在图上标注存在危险的地方。

师：谁来说说你们组的小侦探们查找出了一些什么危险？你们为什么觉得这个地方危险呢？

教师在大图上标注出来幼儿查找的危险，师幼共同统计。

(3) 观看课件，了解卫生间里存在的安全隐患。

师：我们是不是把这间卫生间里的危险都找出来了呢？这些有危险的地方到底会造成什么后果？来听听“安全小侦探”怎么说。

教师播放课件第一部分。

师幼共同小结：卫生间里可能会造成摔倒和碰伤事故的地方有：湿滑、有积水的地面，低矮墙壁上的水龙头，放置在洗手间里的水桶、椅子，没有盖上盖子的成人马桶……

卫生间里可能造成触电事故的地方有：电热水器的插头离淋浴花洒太近……

卫生间里可能造成烫伤的地方有：热水……

卫生间里可能造成溺水的地方有：装了较多水的浴缸、水桶……

2. 引导幼儿了解安全措施，想办法避免危险发生

(1) 讨论交流。

师：这间卫生间里有这么多危险的地方，你们有什么好办法让危险不发生？

(2) 了解安全措施。

师：我们来看看“安全小侦探”告诉了我们哪些好办法。

教师播放课件第二部分。

师幼共同小结：洗手间里的很多意外是可以避免的。

不在洗手间里玩耍，不在洗手间里长时间停留，保持地面干燥，少在洗手间的低矮地方摆放物品或安装设备，这些都能够有效避免滑倒和碰伤。

热水器等设施设备的插头不能靠近有水特别是淋浴龙头的地方，电源插座最好要有防水盖，这样能够避免触电事故发生。

使用热水时，看清楚冷热水的标识，调好温度，可以先用手背感受温度，也可以用洗浴温度计测温度，小朋友最好不要一个人测试或感受水温，做到这些可以减少烫伤事故发生。

浴缸或者水桶装了很多水时，小朋友不要单独靠近这些容器，最好要有大人在身边，这是避免溺水发生的好办法。

3. 引导幼儿迁移经验，说一说在幼儿园上卫生间如何注意安全

师：我们刚刚了解了在家里的卫生间避免危险的好办法。那么在幼儿园的卫生间，有什么避免危险的好办法?

师幼共同小结：在幼儿园的卫生间里，也要不跑不跳，更不能拥挤、推搡和长时间停留。

(五)活动评价

本活动基于幼儿的居家生活经验，以卫生间里存在的安全隐患为主要内容，采用分组讨论交流等方式，激发了幼儿主动观察、主动查找安全隐患，让幼儿知道了在卫生间不跑不跳、不长时间逗留，促使幼儿主动迁移经验，在日常生活中正确使用水龙头、马桶(或便池)等卫生间设备。

(六)活动延伸

1. 一日生活、区域游戏等活动

在活动区中提供安全标志、各种形状的绘画纸、绘画笔等，引发幼儿思考安全标志的图案、颜色代表的意思，根据自己的意愿设计和绘制卫生间的安全标志，自制绘本。

2. 家庭亲子活动

家长与幼儿共同收集图书、视频等相关资料，让幼儿了解滑倒、碰伤、烫

伤、触电等意外事故发生后的应急处理方式，教会幼儿要等待救援、寻求成人帮助。

家长和幼儿共同在自家卫生间里寻找可能存在的安全隐患，并根据实际情况采取调整物品摆放位置、加装安全防护设备等方式避免安全事故的发生。

（七）参考资源

1. 安全常识

郑继翠．小小卫生间，安全隐患并不少[J]．为了孩子，2019(3)．

云生．卫生间的安全隐患[J]．母子健康，2013(2)．

2. 拓展阅读

金蟾．去卫生间，注意安全[M]．南京：江苏凤凰美术出版社，2018．

稚子文化．居家安全翻翻书[M]．北京：化学工业出版社，2019．

大班活动 2：煤气泄漏别害怕

（一）活动背景

煤气几乎是每一个家庭都会使用的，用于烹饪、取暖等日常生活。燃气报警器、燃气灶熄火保护等设施能够有效地使人们迅速发现煤气泄漏或避免煤气泄漏。但是，由于防范意识不强、忽视设施配备更新、自救和应对方式不到位，因燃气泄漏发生的中毒、火灾、人员伤亡等事故依旧触目惊心。幼儿是家庭的重要成员，也有遇到燃气泄漏的可能，懂得如何应对和自救十分重要。本次活动以幼儿熟悉的生活场景故事导入，引发幼儿积极思考、主动学习，了解煤气泄漏时的正确处理方式，从而提升安全意识和能力。

（二）活动目标

第一，了解煤气泄漏可能造成中毒、火灾等安全事故，学习煤气泄漏时的正确应急措施。

第二，知道要正确使用煤气，预防和避免煤气泄漏发生。

第三，大胆交流“煤气泄漏怎么办”这一话题。

（三）活动准备

第一，创设情境区：在班级中打造类似小社区的多个联动区域。在靠近班级窗户的地方创设一个“厨房”，还可以在适当的位置创设“医院”“消防队”等。

第二，关于煤气泄漏的视频。

第三，幼儿有观察成人使用煤气的经验，了解其给生活带来的便利。

（四）活动过程

1. 模拟“煤气泄漏”的情境，引发幼儿对正确使用煤气的思考

幼儿自主选择“厨房”等情境区进行游戏。一名教师参与其中，并模拟发生煤气泄漏的场景；另一名教师用摄像的方式观察并记录幼儿的行为。

师：哎呀，我好像闻到了怪怪的气味，是煤气泄漏了，现在该怎么办呀?

2. 引导幼儿围绕“煤气泄漏怎么办”进行讨论和分享，了解正确的应急措施

(1)观看游戏视频，进行讨论交流。

师：发生煤气泄漏了，你们看看这些小朋友是怎么处理的。你们觉得他们这样做对不对?

(2)观看新闻视频，了解煤气泄漏的危害。

师：煤气泄漏可能会造成严重后果。我们来看看会发生什么事情(播放新闻视频，引导幼儿根据视频内容小结)。

(3)围绕“煤气泄漏怎么办”进行讨论。

师：看了这些视频，你的心情怎样?你觉得如果发生煤气泄漏应该怎么做?

师幼共同小结：刚刚小朋友们说了一些好办法，如做饭的时候不离开，打开窗户，拨打119……

3. 引导幼儿了解发生煤气泄漏时正确的应急措施

教师播放视频。

师：刚才的视频告诉我们在煤气泄漏的时候该怎么做呢?

师幼共同小结：煤气是做了加臭处理的，气味怪怪的。煤气泄漏了，先打开门窗，关闭煤气开关，捂住嘴巴和鼻子快速跑到户外寻找大人帮忙。在煤气泄漏的房间里千万不要使用任何电器，不能拨打电话，不能开关电源，否则会造成爆炸。如果有人煤气中毒了，要在安全的地方拨打120找医生救护。如果有可能着火，要拨打119找消防员叔叔帮忙。

4. 组织幼儿开展情境演练，实践在煤气泄漏时正确的应急措施

个别幼儿在“厨房”情境区演练，其他幼儿讨论、评价。

（五）活动评价

本活动利用在班级中创设的“厨房”等情境区再现日常生活场景，通过游戏情境中的煤气泄漏事件，引发幼儿做出最真实、最主动的应急反应，在此基础上的讨论分享、经验提升、情境演练等层层递进的环节使幼儿更加积极主动地思考发生煤气泄漏时的应对措施。

（六）活动延伸

1. 相关活动

幼儿通过阅读、谈话等方式了解如何正确拨打 120、119（如要说清楚地址、情况、需要救援的人员，留下联系电话）。

2. 一日生活、区域游戏等活动

（1）在阅读区投放和厨房安全、消防安全相关的图书，巩固幼儿相关的安全知识。

（2）继续丰富和创设相关的情境区，丰富游戏情境。

3. 家庭亲子活动

（1）家长完善家中的厨房安全设施，并开展亲子安全演练活动。

（2）帮助幼儿熟悉并熟练表述详细的家庭住址，知道拨打 120、119 等需要准确地提供给对方的信息。

（3）教育幼儿不乱拨打 110、120、119 等特殊号码。

（七）参考资源

朱晓华．发生在家里的怪事情：居家安全有妙招［M］．北京：化学工业出版社，2019.

艾达．神勇消防队［M］．合肥：安徽少年儿童出版社，2019.

金蟾．家用燃气的注意事项［M］．南京：江苏凤凰美术出版社，2018.

金蟾．发生险情，请拨打 119［M］．南京：江苏凤凰美术出版社，2018.

大班活动 3：我会安全使用工具

(一)活动背景

在居家生活中，大班幼儿不可避免地会接触和使用到一些工具，感受到这些工具带来的便捷。如何正确、安全地使用工具，避免意外伤害的发生，是居家安全教育不可忽视的问题。本次活动中，教师和幼儿共同关注去皮器、开核器、分割器等工具，在观察、讨论、操作中感受它们在居家生活中的重要作用，发现使用工具时可能存在的安全问题，学习正确、安全的工具使用方法。

(二)活动目标

第一，知道去皮器、开核器、分割器等是居家生活的常用工具，了解其正确使用方法和安全注意事项。

第二，能够在成人的监护下尝试操作各种常用工具，知道工具可能会带来便利，也可能会造成伤害。

第三，愿意用自己喜欢的方式进行记录，并和同伴分享交流。

(三)活动准备

第一，家园共同收集的各种材质或型号的分割器、开果器等居家生活的常见工具。

第二，和工具相对应的水果、坚果等。

第三，记录表。

工具	食品	怎么用	有危险吗	怎么办 ?

(此表仅供教师参考，教师可根据幼儿能力重新设计表格)

第四，幼儿有使用部分食品工具的经验。

（四）活动过程

1. 引导幼儿观察和记录，了解工具的作用

（1）探究食品和工具之间的关联。

师：这里有小朋友和爸爸妈妈、老师一起收集的工具与食品。你们观察一下有什么，哪个工具用于哪种食品。请你在记录表的第一、第二列记录下来(介绍记录表的第一、第二列)。

幼儿自主观察并记录，教师提示幼儿注意安全。

（2）讨论和分享。

师：这些工具是用于哪些食品的？谁来说一说？

师幼围绕这些工具的作用共同小结。

2. 引导幼儿尝试使用工具，发现安全隐患

（1）根据经验进行记录，发现安全隐患。

师：你会用哪些工具，可以在记录表的第三列把使用方法记录下来。如果你发现了工具有危险，也可以在第四列记录下来。

幼儿观察、讨论和记录，师幼围绕工具的使用方法、安全隐患共同小结，教师或个别幼儿示范操作。

（2）自选工具尝试操作。

师：你想用哪个工具来试一试？其他小朋友看看他使用的方法对不对，会不会有危险，应该怎么做。可以在表格的最后一列把好办法记录下来。

师幼共同小结：这些工具有的有像刀锋一样的地方，使用的时候千万不能把手指放在那里；有的有尖尖的把手，使用的时候要小心，不要戳到自己，最好是更换更安全的同类工具……

3. 鼓励幼儿自主使用工具，品尝劳动成果

师：你想吃什么食品？选择一个工具吧。你也可以试一试，用工具和不用工具哪一个更方便。大家一定要记得，使用工具的时候要注意安全。

教师巡回观察，重点关注幼儿是否能安全地使用工具。

(五)活动评价

家园共同收集的去皮器、开核器、分割器等这些工具是本次活动的主要操作材料。幼儿在观察、操作、记录等操作中感知这些工具的外形特征、作用，关注存在危险的地方，思考如何正确、安全地使用它们，并在使用和品尝的过程中感受到了安全使用工具的乐趣。

(六)活动延伸

1. 相关活动

在谈话、讨论和生活中，了解割伤、碰伤后简单的应急处理方式(如在成人监护下用酒精消毒、贴创可贴等)。

2. 一日生活、区域游戏等活动

在一日生活以及活动区中，投放居家生活常见的工具，鼓励幼儿尝试操作，用自己喜欢的方式进行统计、记录等，发现和尝试使用更多的工具；在餐点等生活环节，请幼儿使用工具参与餐点的切割、分发等工作，感受工具带来的便捷，体验为集体服务的乐趣。

3. 家庭亲子活动

(1)和幼儿共同收集居家生活中的常用工具，引导幼儿发现这些工具可能造成的危险，知道如何避免危险的发生。

(2)指导幼儿尝试使用一些工具，让他们在力所能及的劳动中真实地体验如何安全地使用这些工具。

(3)教会幼儿一些简单的伤口处理方法，认识酒精、创可贴等用品，知道它们都只能外用。

(七)参考资源

王秀玲．小小木工坊：幼儿园木工坊的建设与利用[M]．南京：南京师范大学出版社，2016.

纪华，杜大恺．鲁班学艺[M]．北京：连环画出版社，2018.

上海美术电影制片厂．小熊猫学木匠[M]．北京：外语教学与研究出版社，2014.

大班活动 4：逗弄动物很危险

（一）活动背景

许多家庭饲养了猫、狗等动物。但是，这些看上去可爱的小动物，其实也是具有攻击性的。人们如果被它们抓咬，极可能感染狂犬病毒。近年来，幼童被宠物抓伤、咬伤的新闻报道屡见不鲜。发生这样的安全事件，原因有二：一是宠物主人疏于对宠物的监管，二是幼儿对和猫、狗等动物的正确相处方式不够了解。在本次活动中，教师通过图片呈现出两个和宠物狗相处的不同故事场景，以幼儿易于观察、易于理解的方式，使幼儿学会和小动物和谐相处，了解被猫、狗等小动物咬伤、抓伤后的应急措施，同时也感受到饲养宠物的安全责任。

（二）活动目标

第一，学会和小动物和谐相处，不做让它们感到危险的事情。

第二，了解被猫、狗等小动物咬伤、抓伤后简单的自救和求救方式。

第三，增强饲养宠物、逗弄宠物时的安全意识和能力。

（三）活动准备

第一，不同类型的图片。

图片一：猫、狗等宠物可爱的表情、动作。

图片二：用多幅图片呈现故事。

图意：

图 1 为男孩跳跳抱着小皮球到小伙伴家去玩。小伙伴乐乐来开门，乐乐家的小狗对着他“汪汪叫”。

图 2 为在小伙伴家，男孩和小狗玩抛接球或踢球游戏。他的小伙伴在一旁笑着鼓励小狗。

图 3 为男孩来到另一个小伙伴家里，小伙伴来开门，小狗在家里睡觉。

图 4 为男孩将球抛向在睡觉的小狗，小伙伴不在这个房间里。

图 5 为男孩大哭，手上有牙印和血痕。小伙伴从另外一个房间跑出来，制止正在发怒的小狗。

图片三：狗主人行为图片。

图意：

图 1 为狗很脏，随地大小便。

图 2 为打骂小狗。

图 3 为离开家时，给小型狗套上牵引绳。

图 4 为离开家时，只给大型狗套上牵引绳。

图 5 为带狗到宠物医院打针。

第二，关于被猫、狗咬伤的视频。

第三，幼儿接触过或见过家庭常见的宠物。

（四）活动过程

1. 出示图片，引导幼儿感受猫、狗等宠物的可爱

师：你最喜欢什么小动物，为什么喜欢它？

2. 通过故事让幼儿知道要在主人的指导下和陌生宠物玩

(1) 了解跳跳和两只小狗的故事。

师：小朋友跳跳也很喜欢这种可爱的小动物。他遇到了两只小狗，我们来看看发生了什么事情。

(2) 讨论分析两只小狗的不同行为。

师：为什么第一只小狗喜欢跳跳，第二只小狗咬跳跳呢？

师幼共同小结：跳跳和第一只小狗玩，主人在身边。它可能很喜欢玩皮球。第二只小狗的主人不在身边，它正在睡觉，也可能不喜欢玩皮球，醒来后以为跳跳要用球打自己。对于不是自己家里的小动物，我们是不了解的，一定要在小动物主人的指导下和它们玩。如果小动物的主人不在身边，千万不要去逗弄它们，不要做让它们感到危险的事情。

3. 引导幼儿了解被小动物咬伤或抓伤后的应急处理办法

(1) 交流讨论。

师：跳跳被小狗咬伤了，对跳跳可能会有什么影响？你有什么办法可以帮助他？

(2) 观看视频。

师：刚刚小朋友说了一些帮助跳跳的办法。我们一起来看看这段视频，了

解一下被猫、狗等小动物抓伤、咬伤可能会生什么病，我们应该怎么做以预防这种病(播放视频)。

师幼共同小结：被猫、狗抓伤、咬伤了，我们可以这样做：第一步，把肥皂水抹在伤口部位；第二步，用大量流动的水冲洗伤口，至少十五分钟；第三步，用酒精或者碘伏进行消毒；第四步，用干净的纱布覆盖。最重要的是，要立即到医院就诊，在受伤后的48小时之内注射狂犬疫苗。

4. 引导幼儿了解作为宠物主人应该做的事情

师：虽然猫、狗等小动物可能会抓伤和咬伤我们，但我们还是很喜欢它们的。其实，只要主人照顾好它们，我们正确和它们相处，大部分猫、狗还是很安全的。那么你们知道宠物主人应该做些什么吗？你们觉得哪个狗主人的行为是正确的？

幼儿观察行为对比图片，进行判断。

师幼共同小结：猫、狗的主人在平时要文明饲养，要带小动物去打疫苗；带它们出门的时候，要拴好安全绳，大型犬类要戴牙套……

（五）活动评价

本活动在激发情感共鸣的基础上，通过图片故事性地呈现和猫、狗等宠物相处时可能发生的事情，对宠物主人行为的对错进行判断和讨论，引发幼儿对“如何与宠物相处”“被抓伤、咬伤怎么办”等问题进行主动思考，使幼儿在层层递进的环节中获得了和宠物安全相处及应急处理被抓伤、咬伤的情况等相关经验。

（六）活动延伸

1. 相关活动

观察、了解家庭中经常饲养的宠物的名称、习性，它们可能造成的危险，应急处理方式等，并用自己喜欢的方式进行记录。

2. 一日生活、区域游戏等活动

(1)将和宠物有关的书籍投放到活动区，供幼儿阅读，以使幼儿了解不同宠物的生活习性、人类与其正确的相处方式等。

(2)在一日生活中的过渡环节，请幼儿分享自己和小动物的故事。

3. 家庭亲子活动

和幼儿进行肥皂水涂抹、流水冲洗、酒精(或碘伏)消毒、纱布覆盖这四个步骤的演练。

（七）参考资源

1. 安全常识

陈倩．家有小宠物如何关注宝宝安全[J]．母婴世界．2010(4)．

大头恐龙·宠物与安全[J]．课外生活(小学版)．2006(12)．

2. 拓展阅读

[捷克]卡塔琳娜·贝莱约娃，[捷克]彼得拉·巴尔季科娃，[捷克]阿内塔·扎布科娃．我的宠物小伙伴[M]．南瓜豆腐，译．北京：北京中青雄狮数码传媒科技有限公司．2018.

五、 主题单元幼儿表现评估

主题________________

班级________　　幼儿姓名______________　　教师姓名____________

评价者______　　日期____________

评估准则：完全掌握或做到为 4 分；有时掌握或做到为 3 分；初步掌握或做到为 2 分；暂未掌握或做到为 1 分。

表 6　大班居家安全单元幼儿表现评估

学习目标	具体表现	1 分	2 分	3 分	4 分
知道厨房、卫生间等场所中常见设施设备的正确使用方法，了解其可能存在的危险，掌握正确的应急处理方法					
认识去皮器、开核器、分割器等居家生活中的常见工具，知道它们的用途，并在成人监护下尝试使用这些工具					
能够正确地和宠物玩耍，了解被抓伤、咬伤后的正确处理措施					
能迁移经验，主动学习，观察和发现家庭其他场所及生活环节可能存在的安全隐患，懂得远离危险，提高自我保护的意识和能力					

大班校园安全

一、 主题单元背景资料

对于大班幼儿来说，幼儿园是他们较熟悉的地方。有哪些校园安全内容是他们需要了解并掌握的呢？一方面，随着独立性、自主性的增强，大班幼儿的求知欲和探索欲也明显增强，他们总想挑战更多新鲜事物；另一方面，大班幼儿正处于幼小衔接的重要阶段，加强规则意识，养成良好行为习惯，树立安全意识，提高自我防护、自我管理的能力，对幼儿的在园安全以及后继进入小学的学习生活都有着重要的作用。本主题涉及幼儿园和小学两个场所的安全教育内容。

本主题单元结合大班幼儿年龄特点开展系列安全教育活动，帮助幼儿主动发现、辨别幼儿园一日生活各环节中存在的安全隐患，提高幼儿的安全警惕性，增强幼儿对危险情境、危险行为的辨别能力，使幼儿掌握必要的应急处理方法，尝试学习自护和自救，提升自我保护能力，并在此过程中养成良好的行为习惯，为进入小学做准备。

二、 主题单元目标

第一，能发现、辨别幼儿园一日生活中可能存在的安全隐患，并能主动规避危险。

第二，了解小学生活的要求及规则，养成良好的生活习惯。

第三，初步了解自己的能力发展水平，知道保护自己，不做危险的事情。

第四，知道有序地参加各种活动，掌握几种常见的自救或他救措施。

第五，喜欢与同伴交往，掌握基本的交往规则和要求，文明安全地与他人交往。

三、主题单元环境创设

(一)墙饰创设

结合本主题的目标、内容和大班幼儿的年龄特点，墙饰创设分为四部分。

(1)“小小安全宣传员”：按幼儿园一日生活各个环节，归类展示幼儿记录的幼儿园活动中可能存在的危险及防范危险的方法，展示幼儿在活动中的作品，如安全标志绘画作品、安全宣传自制图书等。

(2)“毕业典礼安全指南”：用图片、文字等记录幼儿心中的毕业典礼，以图表的形式呈现幼儿关于毕业典礼上需要注意的安全事项的讨论，以自制图书的形式呈现幼儿与家长共同制作的“毕业典礼安全指南”。

(3)“我喜欢他”：定期评选班级里受欢迎的小朋友，并请大家用图画或文字等方式表达自己喜欢他们的理由，一起了解文明交往的重要性。

(4)“漂亮的小学”：呈现小学内各个活动场所(如教室、过道、操场等)的图片，帮助幼儿从安全角度认识小学的各个场所，展出幼儿创作的关于小学活动的作品。

(二)区域活动

1. 图书区

(1)提供和幼儿园安全相关的绘本、游戏书，供幼儿通过阅读了解在园生活的相关安全知识。

(2)提供纸、笔、订书机、图书等，供幼儿自制幼儿园一日生活安全图书。

2. 美工区

(1)提供绘画笔、纸、安全装订机、装订好的空白书、居家收集的废旧画报等材料，供幼儿自制“毕业典礼安全指南”等。

(2)提供胶泥、模具等，供幼儿自制逃生演练路线图等。

3. 益智区

提供常见的学具、玩具的使用方法的图片和图书，丰富幼儿对安全使用学具、玩具的认识。

4. 角色表演区

提供医用材料等工具，供幼儿进行角色扮演，学习基本的自救方法，如如何清理伤口、如何使用创可贴等。

（三）班级文化

1. 引发幼儿主动观察和发现幼儿园生活中的安全隐患，并主动规避

大班幼儿已经非常熟悉幼儿园一日生活活动了。本主题活动重点针对大班幼儿容易发生的危险情况开展，利用设计统计图表、自制图书等方式，引导幼儿对安全与危险行为进行辨别，并学会关注周边的生活环境，能对危险的发生有一定的预见性，知道主动规避危险。

2. 引发幼儿主动学习与掌握校园生活中自我保护的方法

大班幼儿即将升入小学，帮助他们掌握基本的自我保护方法、拥有基本的自我保护能力十分重要。在主题活动开展期间，教师在让幼儿自主发现危险、规避危险的同时，利用安全演练、情境表演、安全知识答题等形式，帮助幼儿丰富安全知识，学习遇到危险时的应急处理办法，提升自我保护能力。

3. 引发幼儿在对比分析的过程中主动提升自我管理能力

小学生活和幼儿园生活的不同，不仅体现在学习任务上，也体现在自主权的不同上。小学生需要更强的自我管理能力。因此，教师将通过实地参观小学、将小学生活与幼儿园生活进行对比分析，帮助幼儿深入了解两者的不同，从而在生活习惯、学习习惯等方面帮助幼儿逐步养成自我服务、自我管理的能力，为进入小学做好准备。

四、 主题单元教育活动方案

大班活动 1：幼儿园生活安全宣传员

（一）活动背景

大班幼儿对幼儿园一日生活已经非常了解了，并且已经养成了一定的生活、学习习惯，但是好奇好玩依旧是他们的天性。由于安全经验与常识还不是特别丰富，因此他们对危险行为的预见性仍比较弱。为了减少幼儿在园危险行为的发生，

对幼儿开展幼儿园一日生活安全教育非常重要。本活动根据大班幼儿的兴趣及能力，通过鼓励幼儿做“幼儿园生活安全宣传员”的形式增强幼儿的安全意识。

(二)活动目标

第一，知道幼儿园生活中的常规安全要求，并用自己的方式进行表达。

第二，能大胆地介绍自己的宣传内容，鼓励大家关注生活常规安全。

第三，喜欢参加安全宣传活动，提高自己的安全意识。

(三)活动准备

第一，新闻视频，幼儿园生活场景图片(进餐活动、午睡活动、学习活动、游戏活动等)，白纸，画笔，订书机，袖标。

第二，幼儿已熟悉幼儿园生活且具备一定的安全知识。

(四)活动过程

1. 播放幼儿园安全新闻视频，激发幼儿参与活动的兴趣

师：老师前些天在网络上看到一则新闻，想与小朋友们分享一下。小朋友们注意看看视频里都有谁，发生了什么。

教师播放新闻视频，幼儿观看视频。

师：现在，请小朋友们来说一说，你看到了什么，有什么感想。

幼儿自主回答提问。

小结：视频里报道了一则小朋友在幼儿园发生了事故的新闻。

师：我们在幼儿园生活中是否也做过这些危险行为呢?

2. 出示幼儿园一日生活场景图，引导幼儿讨论各个现实生活场景中存在的安全隐患

(1)出示班级盥洗室图片，引发幼儿思考、讨论盥洗室存在的安全隐患。

师：这是我们的盥洗室，大家回忆一下这里可能会有什么安全隐患，或者你发现其他小朋友在这里做过什么危险事情。

幼儿讨论并回答。

(2)出示班级午睡区图片，引发幼儿思考、讨论午睡时存在的安全隐患。

师：这是我们的午睡区，回忆一下这里可能会有什么安全隐患，或者你发现其他小朋友在午睡时做过什么危险事情。

幼儿讨论并回答。

(3)教师提问，引发幼儿思考、讨论其他环节中存在的安全隐患。

师：除了盥洗室、午睡区，我们在生活中还有可能在哪里遇到什么危险？请你想一想、说一说。

幼儿讨论并回答。

3. 鼓励幼儿自主制作“幼儿园生活安全宣传手册”

师：幼儿园生活中存在那么多危险，我们可以怎样告诉别人，让大家注意安全，不做危险的事情呢？

幼儿讨论。

师：老师今天准备了白纸、彩笔、订书机，小朋友们可以画一本“幼儿园生活安全宣传手册”。

幼儿自主制作手册并与同伴分享。

4. 引导幼儿走出班级，做“小小生活安全宣传员”

(1)走进小中班，为弟弟妹妹宣传幼儿园生活安全常识。

师：我们带上我们的宣传册，到小中班为弟弟妹妹讲解安全常识吧。

(2)在离园环节给家长、同伴宣传幼儿园安全生活常识。

师：放学的时候，小朋友可以给家长、同伴宣传安全常识。

(五)活动评价

活动中，幼儿通过观看安全新闻视频，调动了参与活动的兴趣，并在教师出示的场景图的引导下回忆在幼儿园生活中发现的安全隐患、危险行为。幼儿通过制作“幼儿园生活安全宣传手册”，积极、大胆地表达自己的看法。在这个过程中，幼儿对幼儿园一日生活常规安全要求有了进一步的认识，提高了自己的安全意识，也帮助他人了解了幼儿园生活安全常识。

(六)活动延伸

1. 相关活动

“小小生活安全宣传员”走进小中班，为弟弟妹妹宣传幼儿园生活安全常识。

2. 一日生活、区域游戏等活动

通过绘画和创编安全儿歌等活动，帮助幼儿了解更多的安全知识。

3. 家庭亲子活动

开展亲子安全小知识比赛，人人争当“安全小达人”。

（七）参考资源

龚勋．儿童安全自救宝典[M]．成都：天地出版社，2016.

大班活动 2：小学不一样

（一）活动背景

幼小衔接是大班活动的重点，小学与幼儿园在硬件设备上有很明显的区别，而且小学生活对幼儿自我保护能力的要求更高。本活动为了帮助大班幼儿了解小学与幼儿园不一样的地方，让幼儿主动发现可能存在的安全隐患，进一步引导幼儿思考如何避免危险，提升幼儿的自我保护能力，提高幼儿的安全意识，为小学的学习与生活做好充足准备。

（二）活动目标

第一，知道小学与幼儿园在活动空间、时间安排上的区别。

第二，能发现小学生活中可能存在的安全隐患，并提出安全注意事项。

第三，能用绘画、语言等形式，大胆表达自己的想法。

（三）活动准备

第一，小学与幼儿园区别记录表，小学的宣传片，小学各个场所图片，画纸、水彩笔等美工材料。

第二，幼儿参观过小学，或通过视频等途径对小学生活有一定的了解。

（四）活动过程

1. 播放小学的宣传片，激发幼儿参与活动的兴趣

师：今天老师为小朋友带来了一段视频，小朋友仔细看看视频播放的是什么。

幼儿观看视频，回答问题。

小结：这是一个小学的宣传片，可以看出小学和幼儿园有很多不一样的地方。

2. 引导幼儿分组讨论，记录自己发现的不一样的地方

师：你们知道小学和幼儿园有哪些地方不一样吗？请你和小组的朋友一起讨论，并记录下来。

幼儿分组讨论，教师巡回观察。

师：现在请小朋友和大家分享你们小组讨论的结果。

个别幼儿回答提问。

小结：小学生有的活动没有教师的跟随，需要自己保护好自己；小学的教室、走廊、实验室、游泳池等活动场地跟幼儿园也有区别。

3. 逐一出示小学各个活动场所的图片，引导幼儿讨论安全注意事项

师：小朋友仔细观察，猜一猜这是什么地方，小学生在里面做什么。

师：你发现这个地方可能存在什么危险？我们应该注意什么？

幼儿思考并回答问题。

4. 绘画“我的小学”，从安全角度出发，加深对小学的认识

师：你想象中的小学是什么样子的？把你想象的小学画在纸上，并把你认为应该注意的安全事项标注在小学校园里的相应位置。

（五）活动评价

本次活动结合幼儿的实际需求，从幼儿的兴趣点出发，利用视频、图片等充分调动幼儿的参与兴趣，层层递进，引导幼儿主动发现小学与幼儿园不一样的地方，进一步发现小学生活中可能存在的安全隐患，进行危险情景辨别，并通过绘画的形式大胆表达出来。每一个幼儿都参与并将安全知识运用到了活动中，增强了安全意识。

（六）活动延伸

1. 一日生活、区域游戏等活动

在图书区中投放幼儿自制图书《我的小学》。

2. 家庭亲子活动

幼儿与父母一起分析小学校园中的安全注意事项。

大班活动 3：我们的毕业典礼

（一）活动背景

幼儿园活动丰富，每周都会举行升旗典礼，各种节假日庆祝活动更是有浓浓的节日气氛。幼儿在大型活动中，培养了集体意识、集体荣誉感，也培养了规则意识。但大型活动人员密集，如何保障幼儿的安全一直备受关注。教师设计此次活动，意图通过讨论互动、绘画制作的方式，帮助幼儿增强参加大型活动时的安全意识，提升自我保护能力，避免安全事故的发生。

（二）活动目标

第一，知道参加毕业典礼时，要跟紧教师或家人，不离开教师或家人的视线范围。

第二，了解大型集体活动中的自护方法，遇到危险时能向他人求救。

第三，喜欢参加安全绘画活动，能大胆表达自己的想法。

（三）活动准备

第一，毕业典礼活动录像短片、图片，大型活动走失事件新闻图片，白纸，画笔，幼儿在家收集的关于大型活动的新闻内容。

第二，幼儿具有走楼梯、外出排队的自我保护经验。

（四）活动过程

1. 播放大型活动短片，激发幼儿参与活动的兴趣

师：老师请小朋友观看一段视频，小朋友们要仔细观察，看看视频里发生了什么。

幼儿观看视频，并回答提问。

小结：视频中小朋友们在举行毕业典礼，爸爸妈妈都来到了幼儿园，场面非常热闹。

2. 出示大型活动时拥挤的图片，引发幼儿思考如何避免踩踏事件发生

师：这幅图上的小朋友在做什么？为什么你认为他们的行为不安全？

师：当你们发现身边的小朋友和他们一样时，你们应该怎么办？

师：如果在楼梯等狭窄的地方拥挤，可能会发生什么后果？

师：如果不小心发生了踩踏事故，我们该怎么做？

小结：首先，发现拥挤的人群向着自己行走的方向拥来时，应该马上避到一旁，但是不要奔跑，以免摔倒；其次，若身不由己陷入人群，一定要先稳住双脚；最后，在遭遇拥挤的人流时，一定不要采用体位前倾或者低重心的姿势，即便鞋子被踩掉，也不要贸然弯腰提鞋。

3. 展示幼儿收集的新闻，引导幼儿思考如何避免走失等安全常识

师：你收集到了什么新闻？我们在幼儿园参加大型活动时应该注意什么呢？

幼儿自主讨论，教师展示幼儿收集的新闻。

小结：我们在幼儿园参加大型活动时，要有秩序地行走，不离开老师的视线，不脱离集体单独行动，遇到危险要及时向老师、保安叔叔求助。

4. 出示材料，鼓励幼儿制作"毕业典礼安全指南"

师：老师为大家准备了白纸和彩笔，请小朋友们将你知道的参加大型活动时应该注意的安全事项画出来，制作"毕业典礼安全指南"，与同伴一起分享。

幼儿自主绘画，分享交流自己制作的"毕业典礼安全指南"。

（五）活动评价

此次活动通过"毕业典礼"切入，调动了幼儿的积极性；通过情景再现，调动了幼儿的生活经验与安全知识经验；通过视频、图片等形式展现了大型活动中可能存在的问题，让幼儿在活动中积极参与讨论、思考，加深对大型活动安全注意事项的理解，并通过绘画的方式表达自己对大型活动中正确行为的理解。通过此次活动，幼儿知道了参加大型活动时，要跟紧教师或家人，不离开教师或家人的视线范围，也了解了几种常见的自护方法，知道遇到危险时向他人求救，有效提升了参与大型活动时的自我保护能力。

（六）活动延伸

1. 一日生活、区域游戏等活动

(1) 可以将以上安全教育渗透到一日活动中(上下楼梯、外出排队时等)。

(2) 可延伸至益智游戏区，制作大型活动安全飞行棋。

2. 家庭亲子活动

家长和幼儿一起观看视频、阅读图书，了解参加大型活动时应注意的安全事项。

（七）参考资源

金蝉．上下楼梯不可玩闹，注意安全[M]．南京：江苏凤凰美术出版社，2018.

[韩]石哲元．排队啦[M]．北京：中国少年儿童出版社，2020.

[日]竹下文子，[日]铃木守. 排队啦，排队啦[M]. 浪花朵朵童书，译. 北京：联合出版公司，2016.

大班活动 4：我和我的好朋友

(一)活动背景

相对于中班幼儿来说，大班幼儿与同伴合作学习、共同游戏的能力有所提升，但是同伴之间的冲突仍然存在，尤其是在游戏活动当中，他们经常会因为争抢玩具、游戏意见不一致而发生争执、冲突。在幼儿园里，幼儿的冲突大多数能被教师观察到并得到及时处理。幼儿学会与人友好相处，遇到矛盾能用正确的方法解决，不推人、打人、咬人，对幼儿升入小学后尽快适应小学生活有重要的意义。为了培养大班幼儿与同伴友好交往的能力，提升在同伴交往中的自我保护意识，教师开展了此次安全教育活动。

(二)活动目标

第一，能与同伴合作开展游戏，遇到矛盾时能用正确的方法解决，不做推人、打人、咬人等危险的动作。

第二，能对游戏中的常见行为进行分辨，树立安全意识。

第三，喜欢参与辩论游戏，能大胆表现自己的想法。

(三)活动准备

第一，图片(幼儿抢玩具)、正反方标志牌、主持人标志牌。

第二，幼儿参与过班级辩论活动。

(四)活动过程

1. 教师以辩论赛主持人身份出场，出示图片，激发幼儿参与活动的兴趣

师：今天我们开展一场辩论比赛。

师：小朋友们看看图片上发生了什么。

幼儿讨论，并发言。

师：两个小朋友在玩玩具，玩着玩着他们开始抢了，为此还吵了起来，后来又动手打了对方。

师：今天辩论赛的主题是"别人抢我的玩具是给他玩还是抢回来"。

2. 引导幼儿自由组队，阐述观点

(1)幼儿自由分组。

师：今天我们分为两组：正方"别人抢我的玩具就给他玩"，反方"别人抢我的玩具要抢回来"。请小朋友们自由分组。

(2)幼儿分组讨论"别人抢我的玩具就给他玩"还是"别人抢我的玩具要抢回来"。

师：请小朋友们组内讨论支持你们观点的理由。

3. 组织幼儿开展辩论赛

师：接下来请两组各派一名选手讲一讲你们的观点以及理由。

个别幼儿讲述观点及理由。

师：接下来请大家自由辩论。注意对方辩友在说话的时候，另外一组小朋友不要随意打断，等他说完再说，发言的时候声音要响亮。

幼儿开展自由辩论，教师注意维护辩论赛纪律。

4. 集体小结，引发幼儿进一步思考、讨论

师：如果你正在玩玩具，别的小朋友跑过来故意抢你的玩具，你怎么办？

幼儿讨论并回答，教师加以引导。

师：我们应该想一想他为什么抢我们的玩具，是那个小朋友故意逗我们玩，还是他特别喜欢我们的玩具。

师：如果他总是这样做，你应该怎么办？

（五）活动评价

本次活动以辩论赛的形式进行，让幼儿在大胆表述中感受朋友之间发生矛盾带来的不愉快及友好相处带来的愉悦，主动用正确的方法解决问题，思考并反思自己怎么做才能更好，在结合幼儿实际的情况下充分调动了幼儿参与活动的积极性。

（六）活动延伸

1. 相关活动

通过绘本、小视频了解朋友之间有矛盾该如何解决。

2. 一日生活、区域游戏等活动

在阅读区投放相关绘本，并在一日生活中观察幼儿的行为。

3. 家庭亲子活动

发现幼儿与朋友相处不好的情况时及时进行引导教育。

（七）参考资源

[美]德瑞克·莫森，[美]泰拉·葛拉罕·金恩. 敌人派[M]. 萧萍，萧晶，译. 武汉：长江少年儿童出版社，2009.

卡琳·谢尔勒. 不是那样，是这样的！[M]. 陈琦，译. 南昌：二十一世纪出版社，2010.

五、 主题单元幼儿表现评估

主题＿＿＿＿＿＿＿＿

班级＿＿＿＿　　幼儿姓名＿＿＿＿＿＿　　教师姓名＿＿＿＿＿

评价者＿＿＿　　日期＿＿＿＿＿

评估准则：完全掌握或做到为 4 分；有时掌握或做到为 3 分；初步掌握或做到为 2 分；暂未掌握或做到为 1 分。

表 7　大班校园安全单元幼儿表现评估

学习目标	具体表现	1 分	2 分	3 分	4 分
能发现、辨别幼儿园一日生活中可能存在的安全隐患，并能主动规避危险					
了解小学生活的要求及规则，养成良好的生活习惯					
初步了解自己的能力发展水平，知道保护自己，不做危险的事情					
知道有序地参加各种活动，掌握几种常见的自救或他救措施					
喜欢与同伴交往，掌握基本的交往规则和要求，文明安全地与他人交往					

大班卫生饮食安全

一、 主题单元背景资料

近年来，我国青少年群体中患有糖尿病、肥胖症等疾病的人数不断增加，造成这一现象的主要原因就在于饮食不科学、不健康。在物资丰富的当下，很多家长为了满足孩子的要求，放任孩子挑选自己喜爱的食物，从而使很多孩子因贪吃“香、甜”的食物而养成了偏食的习惯。此外，一些不良商家为了获取利益，制造出各种各样的“垃圾食品”，为孩子的身体健康埋下了安全隐患。幼儿园阶段是良好生活习惯养成的重要时期，因此丰富幼儿的食品安全知识、提高幼儿关于饮食安全的意识、培养幼儿科学健康的饮食习惯显得尤为重要。

本主题根据大班幼儿的年龄特点，从食品保质期的辨别、食物营养的搭配、科学的进餐方法三个维度，科学合理地设计了单元目标和主题活动，让幼儿自主探索和实践体验，帮助幼儿树立健康的饮食观念，掌握正确的饮食方法，获取关于饮食安全的相关知识和经验，为幼儿的健康平安打下良好基础。

二、 主题单元目标

第一，巩固与健康食品相关的知识，通过辨别过期食品和三无产品，增强食品安全意识。

第二，了解常见食材的营养成分，能够根据营养均衡的要求搭配膳食，做到主副、粗细、荤素搭配合理。

第三，掌握科学、安全的用餐方法，学习使用筷子，能够避免鱼刺卡喉、异物入喉等事故发生。

第四，养成健康的饮食习惯，初步了解中华优秀传统文化中“食医合一”的思想。

三、 主题单元环境创设

（一）墙饰创设

结合大班饮食卫生安全主题的目标与内容，墙饰创设分三个板块。

1. 各种各样的食品包装

教师针对大班幼儿喜欢亲身参与的特点，鼓励幼儿收集生活中各种各样的食品包装袋，按照食品包装袋上的信息(如营养成分、保质期等)进行分类展示(见大班活动1“包装袋上的秘密”)。幼儿通过观察与比较，认识食品包装袋上的安全标志及生产日期等，制作食品安全小标志，计算并记录食品的保质期，展示在主题墙上。

2. 科学饮食我知道

教师鼓励幼儿将自己喜欢的食物画下来，并根据食物所含的营养成分制作“食物金字塔”，提高幼儿对健康食物的认知水平(见大班活动3“食物最佳搭档”)。家长与幼儿共同设计“科学饮食餐谱”。教师与幼儿一起布置班级的“科学饮食我知道”展板，鼓励幼儿将自己设计的餐谱分享给别人。

3. 养成进餐好习惯

教师与幼儿共同探讨科学进餐应该注意的问题，将问题分类制作成“养成进餐好习惯”主题展板。展板可分成三大板块，即“进餐流程”“我会用筷子”“我会吐鱼刺”，以帮助幼儿养成良好的进餐习惯(见大班活动4“科学安全进餐”)。

（二）区域活动

1. 科学区

(1)投放食品包装信息记录表，同幼儿一起收集各种各样的食品包装袋，引导幼儿将食品包装袋上的相关信息剪下来，分类粘贴在表格里，制作食品包装信息册。

(2)在幼儿收集的食品包装袋中挑选注有生产日期和保质期的，请幼儿利用日历来计算食品的保存期限。

(3)制作“幼儿进餐记录表”，供值日生记录班级幼儿一日三餐进餐情况。

2. 美工区

(1)提供彩笔、彩纸、颜料等美工材料，引导幼儿制作各种食物卡片；创设“小熊请客”的情境，请幼儿根据教师提供的食物营养成分表用食物卡片为小熊搭配餐点，并说出自己搭配的理由。

(2)引导幼儿制作自助餐游戏需要的食物和服饰道具。

3. 阅读区

(1)投放绘本《肚子里有个火车站》《食物巴士——食物消化和吸收的过程》。

(2)投放与饮食安全相关的图书，供幼儿阅读。

4. 操作区

投放筷子、纸团、花生、黄豆等，供幼儿练习正确使用筷子。

5. 角色扮演区

开展自助餐游戏，指导幼儿创设自助餐的环境，制作自助餐的食物和服饰。

（三）班级文化

日常生活饮食关系到每个幼儿的身体健康。幼儿认知水平有限，对安全饮食和健康饮食的认识存在一定的误区。很多幼儿在选择食物时存在重味道轻营养、多肉食少蔬果的现象。为了增强幼儿的食品安全意识，培养幼儿科学的饮食观念，教师以“饮食安全我知道”为主题创建班级文化。

1. 帮助幼儿树立健康的生活理念

教师引导幼儿通过观察食品包装袋上面的信息，了解生产日期、保质期、商标等概念，学习辨别安全食品和不安全食品，自觉抵制三无产品；了解不同食物的营养成分，能够合理搭配一日饮食，学习科学进餐方法，树立健康的生活理念。

2. 促进幼儿掌握科学的进餐方法，帮幼儿萌发成为“科学进餐宣传员”的愿望

教师针对大班幼儿在进餐环节经常出现的问题，引发幼儿讨论进餐方式对

健康的影响，总结出哪些进餐方式对人体健康有益；在活动室布置“科学进餐宣传角”，由幼儿轮流担任“科学进餐宣传员”，向中小班的弟弟妹妹宣传科学进餐的重要性；通过在阅读区投放《肚子里有个火车站》《食物巴士——食物消化和吸收的过程》等绘本，引导幼儿围绕科学进餐主题开展讨论，充分感知科学的进餐方式对人体的重要意义。

3. 营造和谐的家园氛围，调动家长参与活动的热情

在幼儿园里，幼儿掌握了一定的关于健康饮食的知识。教师需要调动家长热情，努力打造家园共育的和谐氛围，使家长在家庭中贯彻落实健康、安全的生活理念，帮助幼儿养成良好的生活习惯，保证幼儿健康成长。

四、 主题单元教育活动方案

大班活动 1：包装袋上的秘密

（一）活动背景

充斥于市面上的儿童食品多为五颜六色的袋装食品，花花绿绿的包装袋吸引了幼儿的注意。其实包装袋上藏有很多“秘密”，学习辨认包装袋上的信息能帮助幼儿更好地了解食品质量和食品安全。在日常生活中，幼儿经常会凑在一起讨论包装袋上有什么，有些幼儿还会尝试通过阅读上面的文字来获取食品信息。针对幼儿的好奇心和求知欲，教师设计了本次活动，通过了解包装袋上的“秘密”，增强幼儿的自我保护意识，使幼儿具有准确辨别存在安全隐患的食品的能力。

（二）活动目标

第一，通过观察、了解包装袋上的食品信息，知道信息代表的不同含义，并能根据包装袋上的日期计算食品的保存期限，辨别食物是否可以食用。

第二，学会辨别三无产品，能自觉做到不购买、不食用三无产品，提高食品安全自护意识。

第三，乐于和同伴分享食物，主动将自己的发现分享给别人，愿意成为“食品安全宣传员”。

（三）活动准备

第一，袋装食物若干，过期、漏气、涨袋、发霉的真空包装袋食物若干，彩笔，纸，日历牌。

第二，幼儿会看日历，知道天数、月份等信息。

（四）活动过程

1. 组织幼儿开展食物分享会

师：今天小朋友们都从家里带来了自己最喜欢吃的食物，老师也带了一大包食物，一会儿请小朋友找到你的好朋友，和他们一起分享。在分享食物的时候，还要向好朋友介绍一下你的食物叫什么，你为什么喜欢它。

2. 引导幼儿分享食物，交流互动

师：你们吃的食物叫什么名字？你是怎么知道的？

教师请幼儿介绍自己带的食物，结合幼儿介绍的内容适时追问，引出包装袋上面的图和字蕴含着食品的信息。

师：除了食物的名字，包装袋上还有什么？这些图和字有哪些用处呢？

教师引导幼儿观察，发现包装袋上丰富的信息，引发幼儿思考。

3. 引导幼儿认识包装袋上常见的几种标识

(1)幼儿观察包装袋上的商标等标志。

师：刚刚很细心的小朋友发现包装袋上有很多像标志一样的图，而且好多食品袋上有一样的标志，也有不一样的标志。你们知道这些标志是什么意思吗？它们有什么作用呢？

(2)教师播放 PPT“常见食品标志”，和幼儿一起了解几种常见的食品标志。

师：老师收集了一些常见的食品标志，我们一起来认识认识它们吧。

(3)幼儿了解食品标志的作用。

师：我们认识了这么多标志，小朋友们想一想这些标志的作用是什么(告诉人们这个食品是安全的，大家可以放心食用)。

4. 引导幼儿认识生产日期、保质期，学习计算食物保存期限

(1)幼儿自主观察，集体分享。

师：刚才有小朋友提到了包装袋上的日期，请小朋友找一找你的食物上是否也有，说说它们代表什么意思(请小朋友将自己找到的生产日期和保质期记录在纸上)。

(2)幼儿了解保质期的不同表示方式。

师：我发现了一个问题，小朋友记录生产日期和保质期的方式都不一样，我请两个小朋友把自己的记录给大家看一下，请大家看一看它们有什么不同。

教师请两名用不同方式记录的幼儿将自己的记录展示给大家(一种是生产日期+保质期，另一种是生产日期+保质期至)，引发幼儿讨论这两种记录方式一样吗(一种需要计算，另一种不需要计算)。

(3)幼儿计算食品保存期限。

师：如果你想买一袋需要计算保存期限的食品，你会计算吗？(请幼儿讨论用什么方法计算，需要借助哪些工具)

师：请小朋友按照刚才讨论的方法，算一算你手中的食品保存期限到什么时候(幼儿用自己的方法探索、尝试，教师个别指导)。

师：哪位小朋友愿意和大家来分享一下自己计算保存期限的方式呢？(请幼儿分享经验)

5. 引导幼儿辨别食品是否可以食用

(1)听教师提出的任务。

师：刚刚小朋友通过观察包装袋，认识了很多食品安全标志，还学会了计算食品的保存期限，小朋友们可真棒啊！我这里还有一些食品，请小朋友来做食品安全员，检查一下这些食品是不是安全，我们可不可以放心地食用(将准备好的食品分发到各组，每组的食品中都包含正常食物、过期食物、涨袋食物、漏气食物、发霉食物等)。

(2)小组合作，对食物进行检查(边检查边记录)。

(3)各组分享经验。

师：请小朋友来讲一讲，你们组负责检查的食物可以食用吗，说出自己的理由(帮助幼儿梳理经验：看包装、看商标、看保质期、看食物颜色等)。

(4)幼儿认识三无产品，了解三无产品的危害。

师：今天早上，我在马路边的小摊上买了一袋食品，请小朋友们帮我看一看这袋食品可以吃吗，说说为什么(请幼儿观察，引出三无产品的概念：这些无生产日期、无质量合格证以及无生产厂家的商品叫三无产品)。

小结：三无产品、过期和包装袋漏气的食品都存在安全隐患，会对我们的身体造成危害。希望小朋友可以时刻提醒身边的人，在选购商品的时候一定要仔细观察，正确辨别。

6. 鼓励幼儿做“食品安全宣传员”

师：今天小朋友们了解了这么多关于食品安全的知识，老师想请小朋友都来做“食品安全宣传员”，把这些知识讲给中小班的弟弟妹妹们，让他们也具有食品安全的知识，也能和我们一样健康成长。

（五）活动评价

该活动符合大班幼儿年龄特点，在幼儿经验的基础上，通过引导幼儿积极主动地观察包装袋上的图文信息，丰富了幼儿辨别食品保质期和三无食品的经验，提高了幼儿的食品安全意识，提升了幼儿在生活中学习的能力。

（六）活动延伸

同幼儿一起收集各种各样的食品包装袋，将其投放到科学区，指导幼儿将包装袋上的相关信息剪下来，分类粘贴在食品包装信息记录表里，制作食品包装信息册。

在科学区投放标有生产日期和保质期的包装袋，请幼儿利用日历来计算食品的保存期限。

创设垃圾回收站，引导幼儿根据食品包装袋上的环保标志进行垃圾分类。

鼓励幼儿回家后对家中的食品进行检查，对过期、不安全的食品进行记录。

大班活动 2：小小食品质检员

（一）活动背景

《3—6 岁儿童学习与发展指南》中强调：“要最大限度地支持和满足幼儿通过直接感知、实际操作和亲身体验获取经验的需要。”幼儿的学习只有以实践体验为基础，才能更好地将知识转化为能力。在了解了食品商标、生产日期、保质期等相关知识后，教师应创设有利于幼儿实践探索的平台，充分利用家庭及周边社区资源，将课程开展的场所迁移到超市或菜市场，鼓励幼儿利用自己掌握的食品安全知识对各类食品进行检验，为幼儿提供可亲身体验及检验所学知识的机会，鼓励幼儿大胆尝试，在社会实践中获取更多的经验，从而深入理解食品安全的内涵，提高自我保护的意识和能力。

（二）活动目标

第一，知道食用腐烂、过期的食品会危害身体健康。

第二，能利用已有知识计算食品保质期，会选购安全、健康的食品。

第三，增强食品安全意识，提高自我保护能力。

（三）活动准备

第一，纸、笔、日历牌。

第二，家长给每名幼儿带几张小面额人民币(总数不超过 20 元)。

第三，幼儿了解食品保质期的相关知识，会利用日历计算食品的食用期限；认识 1 元、5 元、10 元面额人民币，有一定的购物经验。

（四）活动过程

1. 引导幼儿回顾经验

师：小朋友们，今天我们要去超市购买一些食品，在购物的过程中请小朋友化身小小食品质检员，检查超市中是否存在不安全的食品。接下来我们一起来回忆一下，都有哪些方法可以辨别食物是否安全、可食用(鼓励幼儿积极发言，巩固经验)。

2. 引导幼儿绘制购物清单

师：去超市你都想要买些什么食品呢？将你要买的食品画下来，绘制成购物清单吧(引导幼儿根据实际生活所需制定购物清单)。

师：请小朋友来分享一下你的购物清单，说说为什么要买这些食品(鼓励幼儿大胆发言，引导幼儿建立不乱买东西的意识)。

3. 提出购物规则及安全要求

师：小朋友在购物时需要注意哪些问题呢？(引导幼儿总结梳理购物的规则及安全要求，如轻拿轻放，推购物车时注意不要撞到人，结账时要排队，不乱跑，不喧哗等)

4. 带领幼儿到超市购物

师：小小食品质检员们，拿好你的笔和本，记住要将购物中发现的不安全食品用自己的方式记录下来，选购你认为安全的食品。

(1)认识超市区域划分(根据吊牌、标志等区分物品区域)。

(2)辨别食品是否安全(用不同方法辨别食品是否安全，并用自己的方式记录下来，注明区域和位置)。

(3)购买食品(根据购物清单购买食品)。

(4)有序结账。

5. 鼓励幼儿分享收获

师：我们的购物结束了，谁愿意分享一下你今天的收获？(引导幼儿根据购物清单分享购买到了什么，在什么地方发现了存在安全问题的食品，用什么方法辨别等)

6. 带领幼儿向超市或菜市场反馈调查结果

师：小朋友们发现了几种不安全的食品，这些食品应该怎样处理呢？(销毁)我们怎样才能让大家知道这些属于不安全的食品呢？(引导幼儿将调查结果写或画出来，标注好食品所在区域和位置，交给超市或菜市场负责人)

(五)活动评价

本次活动能够充分调动幼儿参与的积极性和探究的主动性，让幼儿在实际购物的过程中，通过看、摸、闻、查看和计算食用期限等方式来辨别食品安全和食品质量，将前期获得的知识应用到实际生活当中，并将调查发现的过期、变质食品反馈给超市和菜市场负责人，在实践体验中提高了食品安全意识。

(六)活动延伸

鼓励幼儿与父母共同将购买到的食品做成美味营养餐，并将照片拍下来与同伴分享。

与幼儿共同制作“安全食品”宣传海报，在离园时分发给家长。

设计游戏“我会选择安全的食物”，准备安全食物和不安全食物的卡片若干(包括过期、腐烂、变质等食物)，随机贴在幼儿身上，地上分别画出两个名为“安全圈”与“不安全圈”的大圆圈。教师下口令后，幼儿快速区分卡片上的食物是否安全并站到相应的圆圈中。

大班活动3　食物最佳搭档

(一)活动背景

在日常生活中，很多家长为了满足孩子的饮食需求，任由孩子随喜好购买食品。幼儿对健康饮食的认识还存在一定的误区，如重味道轻营养、多肉食少蔬果等。长此以往，很多幼儿养成了挑食、偏食的习惯，严重影响了身体健康。在中小班时，幼儿对一些蔬菜、水果等常见食物的营养已经有了初步的了解，但是对于如何根据食物的营养成分合理搭配饮食还缺少相关经验。本次活动为幼儿创设情境，让幼儿在情境中探索关于食物营养成分的相关知识，尝试按照主副、荤素、粗细合理搭配膳食，对培养幼儿的健康饮食习惯具有重要意义。

(二)活动目标

第一，深入了解各种食物的营养价值，认识“营养膳食金字塔”，按照营养价值给食物分类，并能初步做到合理搭配饮食。

第二，初步了解中国优秀传统文化中“食医合一”的思想，努力做到不挑食、不偏食，养成健康的饮食习惯。

(三)活动准备

第一，双胞胎兄弟图片(见参考资源1)、营养膳食金字塔图片(见参考资源2)。

第二，PPT“食医合一”。

第三，彩笔、纸等。

第四，幼儿简单了解食物的营养成分。

(四)活动过程

1. 引导幼儿了解饮食和生长发育的关系

师：我的好朋友家里有一对双胞胎兄弟，让我们一起来看看他们刚生下来时的样子(出示图片)。他们长得像不像？(引导幼儿从身高、体重、五官等方面观察，得出个头一样大的结论)

师：他们今年六岁了，和小朋友们一样大。昨天我见到他们，发现了一个奇怪的现象(出示图片)。请小朋友们再来看一看，现在他们还像吗？(引导幼儿观察，发现两人在身高、体重、肤色上的区别，注重词语积累，如身强力壮、

面黄肌瘦等)。谁能猜一猜为什么现在他们有这么大的差别呢?(引导幼儿说出挑食、偏食的原因)

2. 引导幼儿了解人体所需要的基本营养元素和不同种类食物的营养

(1)播放视频。

师:我请小朋友一起观看一段视频,视频的名字叫“食物中的营养”。看完之后,我要请小朋友来说一说,摄入哪些营养能让人变得越来越健康(看视频后,同幼儿一起回顾总结,人体所需七大营养元素:水、碳水化合物、脂肪、蛋白质、维生素、微量元素和矿物质)。

师:哪些食物里含有这些营养呢?(幼儿边说,教师边归类)

小结:所以我们在吃饭时,要多吃富含这些营养的食物,即使你不喜欢吃,但是为了营养健康也要吃一些。

(2)认识“营养膳食金字塔”。

师:小朋友请回忆一下,我们平时在幼儿园的饮食是什么样的,你的每一餐都吃了什么,包括哪些营养元素(与幼儿一起回顾当天的餐点,得出每一餐都注重主副食、粗细粮、肉食蔬菜平衡的结论)。

师:我们在幼儿园的饮食都是保健老师根据“营养膳食金字塔”进行精确配比后合理搭配出来的,接下来我们就一起来认识一下“营养膳食金字塔”吧(出示图片“营养膳食金字塔”)。

(3)初步了解“食医合一”。

师:小朋友都知道,我们平时生了病需要吃药打针。古时候,有人生了病,医生会用一些食物来代替药材,对身体进行治疗,这叫“食医合一”。接下来我们一起来了解一下吧。

3. 引导幼儿动手操作,设计健康食谱

(1)设计并绘制食谱。

师:刚刚我们知道了人体所需的营养和食物里面的营养,也对“营养膳食金字塔”有了一些了解。我的好朋友想请你们帮助这对双胞胎制作一份科学健康的食谱,要保证食物搭配营养均衡。

(2)修改完善食谱。

4. **鼓励幼儿分享食谱**

师：谁愿意向大家介绍一下自己设计的食谱？

小结：老师会把你们设计的食谱带给这对双胞胎，让他们知道吃饭的时候不能挑食，要荤素搭配，不暴饮暴食，进食适量，这样身体才能健健康康的。谢谢小朋友的帮忙，这次活动过后希望小朋友们也能做到科学饮食。请大家回家后设计一张家庭的科学营养食谱，督促爸爸妈妈一起健康饮食。

（五）活动评价

食物的营养关系着幼儿的身体健康。在本次活动中，教师运用情境导入的方式，以双胞胎兄弟引起幼儿探索的兴趣，在鼓励幼儿帮助他们设计食谱的过程中丰富了幼儿关于食物营养成分和合理搭配饮食的知识与经验。活动环环相扣、层层递进，启发幼儿多维度思考问题，有效增强了幼儿科学饮食的健康理念。

（六）活动延伸

第一，在美工区创设“小熊请客”的情境，请幼儿根据“营养膳食金字塔”用食物卡片为小熊搭配餐点，说出自己搭配的理由，并且提醒幼儿注意主副、粗细、荤素合理搭配。

第二，制作“幼儿进餐记录表”，供值日生记录班级幼儿一日三餐进餐情况。

第三，鼓励幼儿与父母共同设计家庭健康食谱。

（七）参考资源

1. **双胞胎图片**

(1)婴儿

(图片为原创)

(2)幼儿

(图片为原创)

2. 营养膳食金字塔

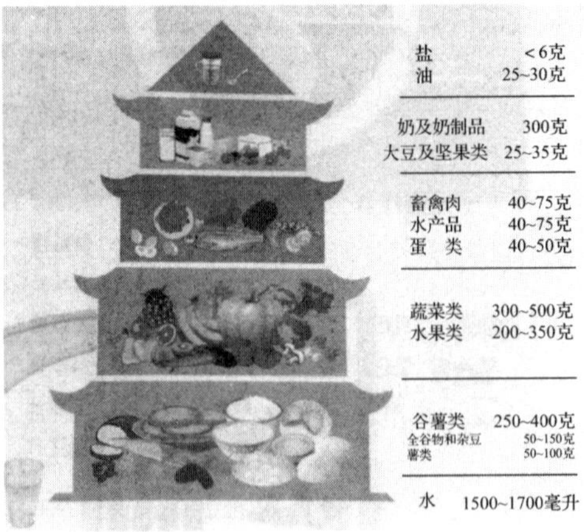

（图片来源于《中国学龄儿童膳食指南 2016》）

大班活动 4　科学安全进餐

（一）活动背景

大班阶段是幼儿身体生长发育的关键时期，也是幼儿建立正确观念的重要时期。科学、安全的用餐方法不仅有助于幼儿身体健康，保障幼儿的饮食安全，而且有助于幼儿进入小学后能够快速适应小学生活。科学、安全地进餐对用餐时间、数量、种类、速度等都有一定的要求，一方面是保障幼儿身体对营养的需要，另一方面是维护人体消化器官不受伤害。大班幼儿虽掌握了一定的安全用餐方法，也具备独立进餐的能力，但因其活泼好动，对健康和安全缺乏必要的判断力，所以使幼儿养成科学进餐的习惯、掌握正确的进餐方法、具有必要的应对进餐意外事故的意识和能力是极为重要的。

（二）活动目标

第一，掌握科学、安全的用餐方法，并能根据食物营养合理选餐，体验自助餐带来的乐趣。

第二，会熟练正确地使用筷子，有为他人服务的意识，会总结进餐规则。

第三，初步了解进餐意外事故的处理方法，建立安全用餐意识。

(三)活动准备

第一，提前将教室布置成自助餐场地，准备自助餐所需的各种糕点、小吃、蔬菜、水果等。每人一套餐具(盘子和筷子)、一套工作人员服饰。

第二，卡纸、剪刀、彩笔、胶水等手工材料。

第三，鱼刺卡喉、异物入喉图片。

第四，幼儿有吃自助餐的经验，或通过视频、图片对自助餐有一定的了解。

第五，在举办自助餐活动前期，教师组织幼儿开展谈话活动，通过交流分享、集体讨论等方式，与幼儿共同梳理吃自助餐时需要注意的问题，引导幼儿从用餐礼仪、安全事项、饮食搭配三个方面进行归纳总结，并制作成提示标志。

(四)活动过程

1. 开展谈话活动，引导幼儿回顾吃自助餐的经验

师：小朋友们，今天我们要开展一次自助餐活动。前几天我们一起讨论了吃自助餐时应注意的问题，并共同制作了规则牌和安全标志。你们还记得有哪些吗？(请幼儿对自己制作的规则牌及安全标志进行讲解，巩固经验)

2. 组织幼儿粘贴规则牌及安全标志

师：我们的自助餐场地已经布置好了，接下来请小朋友们把这些规则牌和安全标志粘贴到相应的位置上吧。

3. 引导幼儿自选角色，感谢乐于为他人服务的小朋友

师：我们在吃自助餐时会有哪些服务人员？他们都需要做什么？(如添餐人员、保洁人员、收餐员等)

4. 引导幼儿享用自助餐，体验自助餐的乐趣

教师播放音乐，营造轻松氛围，引导“工作人员”服务“客人”，注意观察活动中存在的问题及不足。

5. 交流总结

(1)师幼共同打扫卫生。

(2)幼儿谈一谈自己在自助餐活动中的发现和收获。

师：我们的自助餐结束了，谁愿意和其他小朋友分享一下刚刚你都选择了哪些食物？(在幼儿分享时，教师注意提醒其他幼儿根据掌握的食物营养搭配的

知识，对该幼儿选择的食物搭配是否合理进行评价）

（3）教师总结进餐过程中存在的问题，着重总结进餐过程中的安全问题。

6. 引导幼儿了解进餐意外事故的处理方法，拥有安全进餐的意识

师：刚刚小朋友们谈到了很多安全问题，老师觉得特别重要。小朋友如果不注意进餐安全，就会发生意外事故。我这里有两张图片，请小朋友们看看他们怎么了。

教师出示“鱼刺卡喉”“异物入喉”两张图片，引导幼儿观察图片内容。

师：谁来说一说，图片里的小朋友发生什么事情了，你有什么解决方法。

鱼刺卡喉的处理方法：寻求大人帮助，查清楚鱼刺卡在喉咙的具体位置。位置比较浅，可以用镊子直接取出；位置比较深，眼睛看不到，要到医院找医生用食道镜、喉镜等工具取出。

异物入喉的处理方法：寻求大人帮助，及时就医。

师：这两种事故都会危害小朋友的健康，我们怎么样才能避免出现这样的事故呢？（引导幼儿总结出进餐时要细嚼慢咽，不能说笑，学会挑鱼刺等）

小结：今天我们一起品尝了自助餐，也了解了在进餐发生意外时的处理办法，希望小朋友能把今天学到的本领用在生活当中，成为安全进餐的“小卫士”。

（五）活动评价

本次活动从进餐礼仪、进餐行为、营养搭配三个方面为幼儿提供了亲身实践的机会。在轻松愉快的自助餐氛围中，幼儿将关于进餐的经验进行整合，完成了知识和经验的内化过程，有效提高了文明用餐、安全用餐、科学用餐的能力。

（六）活动延伸

1. 一日生活

（1）设置“进餐小卫士”岗位，对幼儿进餐过程中的不安全或不文明行为及时提醒。

（2）对每日“进餐记录表”进行周、月统计，表扬进餐好的小朋友，及时总结进餐中存在的问题。

2. 区域活动

（1）在角色扮演区开展餐厅活动，引导幼儿制作自助餐游戏中所需的食物和

服饰的道具，共同布置区域环境。

(2)在阅读区投放绘本《肚子里有个火车站》《食物巴士——食物消化和吸收的过程》供幼儿自由阅读，也可以找合适的时间为全班幼儿讲故事。

(3)在益智区投放黄豆、幼儿自制小球等物品，供幼儿练习正确使用筷子。

(七)参考资源

1. 正确拿筷子范例图

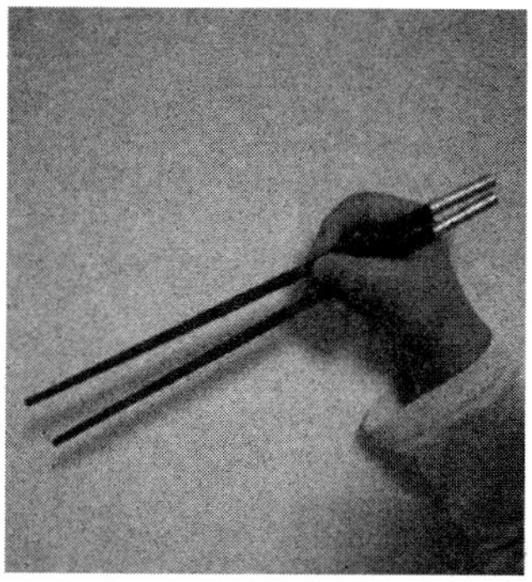

2. 绘本

[德]安娜·鲁斯曼．肚子里有个火车站[M]．张振，译．北京：北京科学技术出版社，2017.

米吉卡．食物巴士——食物消化和吸收的过程[M]．长春：北方妇女儿童出版社，2015.

五、 主题单元幼儿表现评估

主题________________

班级________ 幼儿姓名____________ 教师姓名__________

评价者_____ 日期__________

评估准则：完全掌握或做到为 4 分；有时掌握或做到为 3 分；初步掌握或做到为 2 分；暂未掌握或做不到为 1 分。

表 8　大班饮食卫生单元幼儿表现评估

学习目标	具体表现	1分	2分	3分	4分
巩固与健康食品相关的知识，通过辨别过期食品和三无产品，增强食品安全意识					
了解常见食材的营养成分，能够根据营养均衡的要求搭配膳食，做到主副、粗细、荤素搭配合理					
掌握科学、安全的用餐方法，学习使用筷子，能够避免鱼刺卡喉、异物入喉等事故发生					
养成健康的饮食习惯，初步了解中华优秀传统文化中“食医合一”的思想					

大班自然灾害防范安全

一、主题单元背景资料

5~6岁幼儿对周围世界有着积极的探索欲望，合作意识逐渐增强，规则意识逐步形成，开始学习控制自己的行为；能用绘画、建构等不同的方式反映自己的所见所闻，开始从内在原因来理解各种现象的产生；语言表达能力明显提高，不但能系统地表述生活中的见闻，能生动地、有感情地描述事物，而且表达形式灵活多样，力求与别人不同。

本活动基于幼儿的年龄特点及其有关自然灾害的经验，立足幼儿的发展需要，引导幼儿记录灾害性天气、与同伴竞争、帮助有需要的人群等，丰富幼儿的安全知识，强化幼儿的自我认识；引导幼儿与同伴讨论、交流、协商，获得简单的求救方法，知道在等待救援时保持电话畅通，不随便走动，不慌乱，注意保暖和保持体力；鼓励幼儿在集体中注意听同伴或老师讲话，捕捉新的信息，获得防灾新经验，制作、完善“防灾减灾”宣传册，并进行实践尝试。

二、主题单元目标

第一，对自然灾害有敬畏之情，知道远离灾害、避开险境。

第二，愿意关注强对流天气预警播报，尝试记录，并提醒他人注意防范。

第三，知道符号SOS为求救信号。

第四，能讨论、归纳自然灾害的防范小常识。

第五，对“防灾减灾”科普知识有兴趣，愿意用自己的方式向身边的人宣讲。

三、 主题单元环境创设

（一）墙饰创设

结合“大班自然灾害防范安全”主题的目标与内容，墙饰创设分为五个部分。

台风暴雨小常识：展示幼儿分小组自制的海报和情境表演的图片，供幼儿相互欣赏交流，见大班活动1“台风暴雨小常识”。

冰雪小达人：张贴冰雪中的汽车、火车以及高速路上因冰雪停止行驶的车辆的图片，为维护交通铲雪的清洁工、警察的图片，因道路湿滑合力为车辆助行的交警的图片，供幼儿观察讲述，见大班活动2“冰雪小达人”。

雷电冰雹安全擂台赛：收集并展示家长带领幼儿观看天气预报、与幼儿一起记录的照片，供幼儿讲述，激励幼儿坚持关注天气预报；收集并展示幼儿在入园和离园的时候积极向他人宣讲安全知识的照片，供幼儿相互学习，见大班活动3“雷电冰雹安全擂台赛”。

泥石流中的自救：收集并展示家长和幼儿用人体或衣物等摆SOS求救信号的照片，供幼儿回顾与交流，见大班活动4“泥石流中的自救”。

防震减灾我知道：收集并展示家长向幼儿介绍防震减灾相关科普知识的照片，供幼儿回顾，增进亲子感情；收集并展示幼儿到其他班级宣传防震减灾知识的照片及家长带领幼儿在来园或回家路上积极向路人宣传的照片，让幼儿对自己的行为感到自豪，见大班活动5“防震减灾我知道”。

（二）区域活动

1. 语言区

(1)提供天气预报节目(有雷电与冰雹天气播报内容)剪辑视频、天气记录表等材料，供幼儿观看、记录并讲述。

(2)提供故事“明明的一次旅游”角色图片、绘画纸、彩色笔、订书机等材料，供幼儿制作并完善宣传册。

2. 科学区

(1)提供防雷电与冰雹的安全知识图片、预警图标，创设“擂台”情境，供幼儿自主进行雷电冰雹安全擂台赛。

(2)提供小镜子、金属片、能敲打发声的物品等，供幼儿尝试用敲击物体发声和回光反射的方式发出求救信号。

3. 建构区

提供计时器、SOS符号图示、自然材料，供幼儿摆求救符号，模拟求救。

4. 表演区

(1)提供“防雷电小卫士”“防冰雹小卫士”的胸牌等材料，供幼儿自主录制安全知识小视频。如操作有困难，教师可适时支持。

(2)提供故事“明明的一次旅游”的角色头饰，供幼儿进行故事表演。

(3)在表演区投放小红旗、“宣传员”标志等材料，供幼儿自主进行“小小宣传员”游戏。

5. 美工区

提供海报纸、展示台等材料，供幼儿将自己知道的安全知识画出来，并进行展示。

(三)班级文化

1. 增强幼儿的合作意识

大班幼儿会选择自己喜欢的玩伴，也能开展合作性游戏。通过合作寻找安全自救的方式、合作记录、合作制作宣传册、合作宣传等活动，幼儿逐渐明白在合作中协商分工、服从小组决定、为小组荣誉而努力的重要性，进而增强合作意识。

2. 满足幼儿表现的欲望

大班幼儿表现欲望强烈，会用多种方式表达自己的想法。幼儿通过参加自然灾害安全擂台赛、竞选自然灾害防范“小卫士”、记录天气状况、制作宣传册、向身边的人宣传防范知识、建构求救信号等方式，表现自己对自然灾害的独特认识，可以在一定程度上满足其表现的欲望。

四、 主题单元教育活动方案

大班活动 1：台风暴雨小常识

（一）活动背景

台风暴雨作为自然灾害，会给人们的生活带来很多不利影响。幼儿对台风暴雨为人们生活带来的影响以及基本的防护措施已有了一定的认识。针对大班幼儿能通过观察、比较与分析发现事物之间的简单联系，有一定的语言表达能力与归纳能力，愿意主动分享与承担责任的年龄特点，本次活动通过家园收集资料、观察与分析图片、交流与分享等方式，引导幼儿进一步了解台风暴雨给人们的生产生活带来的影响，掌握一定的防灾知识，用自己的方式宣传防灾小常识。

（二）活动目标

第一，乐于分享，能用自己的方式向身边的人宣传台风暴雨的防范小常识。

第二，能讨论、归纳台风暴雨自然灾害的防范小常识。

第三，了解台风暴雨给人们生产生活带来的影响。

（三）活动准备

第一，视频《台风暴雨对人们的影响》《幼儿气象站》。

第二，自制电视框、纸、各色笔等辅助性材料。

第三，录像设备。

第四，请家长与幼儿一起收集并了解台风暴雨的防范方法。

第五，幼儿了解过不同的宣传方式(如语言播报、海报展示等)。

第六，幼儿关注过天气预报等。

（四）活动过程

1. 播放视频《台风暴雨对人们的影响》，引导幼儿感知台风暴雨给人们生产生活带来的影响

幼儿观看视频，教师提问：你看到了什么？为什么会出现这些现象？

引导幼儿回顾生活经验：你看到或经历过台风暴雨吗？你看到的台风暴雨是怎样的？当时心情是怎样的？

师幼小结：台风会把树木吹倒，把房屋吹垮。暴雨会淹没路面，给交通带来很大的不便，甚至会造成安全事故。风把雨伞都掀翻了，而就算打着伞暴雨也会把人淋湿。当遭受这一切的时候，人们的心情很沉重。

2. 鼓励幼儿自由分享与表达，讨论、归纳台风暴雨自然灾害的防范小常识

师：怎样防范台风暴雨呢？

幼儿分组讨论，学会关注天气预报，从而做好自我保护工作。

幼儿自由分享、表达自己知道的预防措施。

教师梳理、归纳，并将幼儿按不同的归纳方式分组。

可按台风暴雨前、中、后的预防措施来归纳，按自我防护措施和其他防护措施来归纳，按室内预防措施和户外预防措施来归纳。

3. 播放视频《幼儿气象站》，鼓励幼儿用自己的方式向身边的人宣传台风暴雨防范小常识

师：为了让更多的人了解这些防灾小知识，我们按照刚刚大家的讨论成立了几个“阳光宣传组”，你愿意承担防灾宣传任务吗？

提示：宣传任务可按照师幼共同归纳的预防台风暴雨的方法来划分。

幼儿观看《幼儿气象站》，并自由商讨本组的宣传内容是什么，还可以用什么形式进行宣传。

幼儿自由分组、分工筹备，可参考防灾播报、防灾情境表演、防灾宣传小海报等形式。

师：这边准备了电视背景框、黑板、白纸和笔等一些辅助材料，如有需要，可以自己取用。大家有十分钟的时间进行准备。时间到后，我们一起来互相学习每个小组的宣传内容。

4. 引导幼儿分组展示台风暴雨预防方法

小组轮流展示宣传内容。

幼儿集体讨论，拓展经验。

师：听了同伴的宣传，给你印象最深的是哪一组？为什么？你对哪一组还有更好的建议？

师幼小结：从小朋友们的宣传中我们了解了许多预防台风暴雨的好方法，而且还能运用很多不同的方式将所知道的防灾小常识向周围的人做宣传。希望大家在生活中继续收集防灾好方法，并把这些好方法告诉别人。我们一起预防，沉着应对。

（五）活动评价

在活动中，幼儿能够主动交流和表达，讨论、归纳台风暴雨自然灾害的防范小常识。在小组交流与讨论时，幼儿能倾听同伴的建议和想法。在分组展示时，幼儿认真倾听同伴发言。在分组展示后，幼儿能积极对同伴的发言给予评价和建议。

（六）活动延伸

语言区：投放自制的电视背景框、纸、笔等辅助性材料，供幼儿在区域活动时再次表达与表现。

科学区或表演区：投放活动中各小组制作的海报、情境表演图片等材料，供幼儿继续交流。

家庭亲子活动：将活动中每组的宣传情况拍摄下来，通过班级微信群、家园栏等，运用文字、图片或视频的形式向家长展示、宣传防灾小常识。

大班活动 2：冰雪小达人

（一）活动背景

冰雪灾害作为冬季常见的自然灾害与幼儿的生活息息相关。大班幼儿对周围的生活较为关注，且愿意主动承担任务，有初步的团队合作能力，能运用数字、图画或符号记录。本次活动通过家园共同收集信息、小组分享与交流、同伴讨论与互助等方式，引导幼儿关注和了解冰雪灾害的破坏力，感知冰雪对道路交通安全的影响，从而增强自救和互救的意识。

（二）活动目标

第一，在模拟遇灾情境中，初步形成自救和互救的意识。

第二，懂得遇到冰雪天气时的安全防范措施。

第三，知道冰雪灾害极具破坏力，是比较严重的自然灾害。

(三)活动准备

第一，视频《冰雪灾害新闻剪辑》。

第二，冰雪中的汽车、火车以及高速路上因冰雪停止行驶的车辆的图片，为维护交通铲雪的清洁工、警察的图片，因道路湿滑合力为车辆助行的交警的图片。

第三，彩纸、记录笔、发言台。

第四，师幼共同收集以往由于冰雪天气造成道路交通事故以及出现这些事故后人们自救和互救的信息。

(四)活动过程

1. 播放视频，引导幼儿感受冰雪天气对人们生活和周围环境的影响

师：请说说你从视频里看到了什么，听到了什么。

幼儿自由回答，说说自己对视频的感受。

师幼小结：受长时间冰雪天气的影响，路面湿滑，导致铁路、公路等交通中断。冰雪积压在电线上导致线路中断。一些房屋和建筑被大雪压倒。冰雪还可能将大量的农作物和野生动物冻伤或冻死，对人们的生活和周围环境造成了严重影响。

师幼讨论：生活中，你见过这样的情况吗？幼儿谈谈在结冰路面上走路的感受和对寒冷的感受。

2. 通过分享图片，让幼儿了解在冰雪天气出行时的安全防范常识

教师出示冰雪中的汽车、火车以及高速路上因冰雪堆积而停止行驶的车辆的图片，提问：这辆车怎么了？这列火车怎么了？这些车停在高速路上为什么不继续行驶？

教师出示为维护交通而铲雪的清洁工、警察的图片以及因道路湿滑合力为车辆助行的交警的图片，引导幼儿感知在冰雪天气为保持道路交通畅通需要做的工作。

师幼小结：在冰雪天气中，如果积雪阻挡了路面和轨道，汽车和火车就不能正常行驶。地面湿滑，车辆行驶不便，很多车辆不得不停靠在道路两边等待

救援。清洁工、交警等都在用铲子铲、推车推等方式消除地面积雪，为紧急救援做努力。

师：在冰雪天气中，我们出行需要注意些什么呢？

幼儿自由表达，教师小结。

3. 鼓励幼儿用数字、符号、图画等方式分组讨论与记录，争当了解在冰雪天气自救与互救方法的“冰雪小达人”

师幼讨论：当我们或者身边的人出行在外遇到冰雪灾害时，我们可以怎么做？

教师交代分组要求，小组分工记录收集的信息，组内互相倾听与交流。

分组要求：幼儿自由分成4组。每组选出一名组长，待讨论结束后代表本组交流发言。每组选出两名记录员，在讨论过程中将组员各自关于防灾的观点用图画的方式在彩纸上进行记录。其他组员一同交流、发表自己的看法。

4. 引导幼儿分享与交流

每组小组长代表本组发言。

师幼讨论：听了其他组的发言，你还有什么内容需要补充吗？

幼儿集体投票选出“冰雪达人组”。

投票规则：每人只可投一票，多投无效。

师幼小结：当冰雪灾害发生时，大家尽量减少出行。如果有特殊情况一定要出门，要注意保暖，走人行道，慢行。车辆也要减速慢行(或者给轮胎安装防护链)，避免紧急刹车。如在外面发现有人被困在冰雪中，可以和爸爸妈妈一起尽自己的能力帮助他转移到安全、温暖的地方。

（五）活动评价

在活动中，幼儿有自我保护和相互救助的意识。在分组交流、记录的时候，幼儿具有团队意识，能大方地表达自己的观点。在每组小组长发言时，幼儿能够安静倾听，积极发表补充建议。

（六）活动延伸

科学区或语言区：投放每组分享的海报，引导幼儿自由分享与交流。

家园共育：引导幼儿和爸爸妈妈继续了解在冰雪天气出行的注意事项等。

大班活动3：雷电冰雹安全擂台赛

（一）活动背景

大班幼儿好学、好问、好表现，喜欢参加有挑战性的活动，有较强的坚持性。为进一步激发幼儿用数字、图画、图表或其他符号记录的兴趣，让幼儿感知记录的意义，本次活动特以雷电、冰雹两种特殊天气为切入点，让幼儿通过自己记录、与同伴竞争、帮助有需要的人群等，丰富自己的安全知识。

（二）活动目标

第一，愿意关注强对流天气预警播报，尝试记录，并提醒他人注意防范。

第二，结合不同情境，讨论、归纳出遭遇雷电、冰雹时的安全知识。

第三，积极参与雷电冰雹安全擂台赛，主动向身边的人宣讲安全小常识。

（三）活动准备

第一，天气预报节目(有雷电与冰雹天气播报内容)片段、手机2部、PPT、黑板1块、天气记录表若干、“防雷电小卫士”和“防冰雹小卫士”胸牌各1个。

第二，活动前，教师向幼儿发放“天气记录表”，让家长带领幼儿观看天气预报，与幼儿一起记录，并及时将记录表交给班级教师。

第三，幼儿有玩擂台赛的经验。

（四）活动过程

1. 出示幼儿的天气记录表，引导幼儿说说最喜欢的“天气记录员”

师：前段时间，“天气记录员”做了天气记录，现在我们来说一说你最喜欢哪一张，为什么。

2. 引导幼儿观看天气预报节目片段，再次记录，关注雷电和冰雹天气预警

师：雷电与冰雹是严重的自然灾害，那我们怎样才能知道近期会不会有雷电和冰雹天气呢？

观看天气预报，关注预警：你听到了什么？预警是什么意思？

师幼小结：科学家经过科学探测，会及时通过气象台向人们发布预警。不同颜色的预警告诉我们不同的强度。以后我们在做天气记录的时候，一定要将预警记录下来。

3. 组织游戏“雷电冰雹安全擂台赛”，评选“防雷电小卫士”“防冰雹小卫士”

(1)讨论。

师：刚才我们得知近两天××地区会有雷电天气，××地区会有冰雹天气，我们能为这两个地方的小朋友做点什么呢？

师幼小结：我们评选出“防雷电小卫士”“防冰雹小卫士”，再由“小卫士”通过录制视频，把知道的安全知识告诉××地区的小朋友。

(2)介绍游戏玩法与规则。

玩法：依次出示PPT，教师念题，幼儿抢答。第一轮抢到答题机会且答对次数最多者为擂主，然后其他小朋友自愿挑战擂主。最终打败所有挑战者的人成为“小卫士”(题目为预防雷电和冰雹的安全知识，依次选出“防雷电小卫士”“防冰雹小卫士”各一人)。

规则：听到“开始”口令后举手抢答。第一个举手者抢到答题机会，可以答题，随便回答的算违规，违规者依次减一次答题机会。答对题目进入下一轮，答错了全体重新抢答。

(3)师幼共同开展游戏。

防雷电抢答题主要内容：尽量躲在建筑物内，室内门窗要关好；不宜使用无防雷措施或防雷措施不足的电器及水龙头；切勿接触天线、金属门窗、建筑物外墙，远离带电源设备；减少使用电话和手提电脑；切勿从事水上运动，远离水面；切勿站立于山顶、楼顶上或其他空旷场地；切勿处理开口容器盛载的易燃物品；在旷野时，应远离树木和桅杆；在空旷场地不宜打伞，不宜把高尔夫球杆等扛在肩上；不宜骑摩托车、自行车。雷电预警信号分三级：红色——及时躲避，做好防雷电应急抢险工作；橙色——关好门窗，及时躲避；黄色——做好准备，关注天气，减少外出等。

防冰雹抢答题主要内容：要及时躲避到建筑物或坚固的遮挡物下；无遮挡物时，应躲到背风处，双臂交叉，护住头部，屈体下蹲，尽量减少身体的暴露部位。冰雹预警信号为二级：红色——到安全地躲避，启动抢险应急方案；橙色——关注天气，做好防暴准备，如在植物上方搭网，把车开到车库，为汽车穿厚车衣或盖厚棉被等。

4. 组织幼儿分组录制防雷电和防冰雹的安全知识小视频

幼儿分成两组，分别为“防雷电小卫士”“防冰雹小卫士”录制视频，教师与配班教师分别参与并指导拍摄。

5. 教师小结，结束活动

（五）活动评价

能关注天气预警标志，并能进行区分；能关注天气预报，并愿意记录关键信息；积极尝试结合不同情境，讨论、归纳遇雷电、冰雹时的安全小常识；能积极参与比赛，掌握防范雷电、冰雹的安全常识，愿意主动向身边的人宣讲。

（六）活动延伸

在表演区投放“防雷电小卫士”“防冰雹小卫士”的胸牌，供幼儿自主录制安全知识小视频；在科学区投放防雷电与冰雹的安全知识的图片、预警图标，供幼儿自主进行擂台赛；在美工区提供海报纸，供幼儿将自己知道的安全知识画出来，并在入园或离园的时候积极向他人宣讲。

通过家园联系栏或班级微信群，请家长坚持引导幼儿关注天气预报，并做相关记录。

（七）参考资源

1. 冰雹预警信号

2. 雷电预警信号

3. 天气记录表

________小朋友一周天气记录表

日期	省份	天气情况记载	相关报道

大班活动 4：泥石流中的自救

（一）活动背景

大班幼儿对各种自然灾害有了初步的认知，也懂得了一些初浅的安全知识，获得了一些自我保护能力。本次活动以泥石流为载体，使幼儿强化在自然灾害面前的自我认知，通过与同伴讨论、交流、协商得出简单求救方法，并知道在等待救援时保持电话畅通，不随便走动，不慌乱，注意保暖和保持体力。

（二）活动目标

第一，了解泥石流，知道其是一种自然灾害，且危害较大。

第二，知道远离灾害、避开险境是最好的防灾方法。

第三，知道符号 SOS 为求救信号。

（三）活动准备

第一，《泥石流的危害》视频，记录表 5 张，水彩笔若干，SOS 符号卡 5 张，计时器 1 个，手机 1 部，树叶、树枝、石头等自然材料若干，小镜子若干。

第二，活动前，家长引导幼儿关注泥石流自然灾害，让幼儿获得初步的感知经验。

（四）活动过程

1. 讲故事“明明的一次旅游”

教师讲述故事后提问：你听到了什么？故事里有谁？发生了什么事情？什

么是泥石流？山庄里的人为什么都往楼顶上跑？

师幼小结：泥石流是指在山区等地形险峻的地区，因为暴雨、暴雪或其他自然灾害引发的山体滑坡并携带有大量泥沙以及石块的特殊洪流。明明旅游的地方因为连续下暴雨，所以爆发了泥石流。泥石流发生时，明明和山庄里的人都往楼顶跑，等待救援。

2. 播放泥石流灾害视频

师：你看到了什么？泥石流的危害有哪些？

师幼小结：泥石流的主要危害是冲毁城镇、乡村等，造成人和动物伤亡，破坏房屋及其他工程设施，破坏农作物、林木及耕地。泥石流有时也会淤塞河道，不但阻断航运，而且可能引起水灾。它比洪水破坏力更大。泥石流往低洼的地方流，人们往楼顶等高处跑，是为了不被泥石流掩埋或冲走。

3. 引导幼儿回忆、讨论遭遇泥石流时的自救方法

师：故事中，泥石流来了，明明是怎么做的？他为什么这么做呢？这么多人往楼顶跑，可楼道很窄，怎样快速到达楼顶？如果在户外遇到泥石流，怎么办？

师幼小结：泥石流发生时，如果在室内，赶快往楼顶跑。如果楼道很窄，不要推挤，有序奔跑。如果在室外，要立即观察地形，往坡上或高地跑，不要停留在低洼的地方，也不要攀爬到树上躲避。不管在哪里，奔跑时都要抛弃一切影响奔跑速度的物品。远离灾害、避开险境是最好的自救方法。

师：故事中，明明和山庄的人最终获救了。如果你被困了，你会通过什么方式向别人发出求救信号？在等待救援的过程中你会怎么做？

幼儿分组讨论，记录讨论结果并展示。

师幼小结：小朋友们想了很多发出求救信号的办法，有人会用发出声音来求助，如大声呼喊“救命”、敲击物体发声等；有人会用点火堆的方式来求助，如晚上燃明火、白天燃烟等；有人会用回光反射的方式来求助，如用金属片、镜片反光等。这些都是很有用的求救方法。除此之外，老师还知道另外一种求救方式，那就是用树枝、杂草等围出 SOS 符号进行求救，让航空人员发现后援救我们。我们在等待救援的时候，要保持电话畅通，方便救援人联系，不随便走动，不慌乱，注意保暖和保持体力。

4. 组织幼儿开展游戏“求救信号我会摆”

(1)教师介绍游戏玩法及规则。

玩法：幼儿分成4组，每组一张写有SOS符号的卡片。教师说“开始”后计时。每组幼儿协商选择场地、材料，摆出SOS符号。摆好以后，每组再用声音或光源向教师“求救”。教师来“救援”前，幼儿在原地等待。教师来“救援”时，记录用时并拍照保存。看哪一组摆的求救信号最规范，能在最短的时间内得到援救。

规则：摆好求救信号的幼儿，要在原地耐心等待“救援”，否则延长计时。“被救”的幼儿可以尝试用另一种材料或方式摆SOS求救信号。

(2)幼儿分组游戏。

(3)评价游戏，结束活动。

(五)活动评价

幼儿知道泥石流是一种危害较大的自然灾害；知道面对泥石流时远离灾害、避开险境是最好的自救方法，对大自然有敬畏之情；知道SOS为求救信号，能与同伴积极协商，就地取材摆出SOS符号。

(六)活动延伸

在语言区提供《泥石流的危害》视频，供幼儿观看与讲述。在自制图书区投放故事角色图片，供幼儿制作《明明的一次旅游》连环画。在表演区的角色扮演区提供故事的角色头饰，供幼儿进行故事表演。在建构区投放计时器、SOS符号图示、自然材料，供幼儿摆求救符号。在科学区投放小镜子、金属片、能敲打发声的物品，供幼儿探索用敲击物体发声和回光反射的方式发出求救信号。

请家长和幼儿用人体和衣物等摆SOS求救信号，并引导幼儿巩固认识。

(七)参考资源

1. 故事：“明明的一次旅游”

五一假期，明明可想去山区旅游了。可爸爸告诉他，该山区已经连续下了几天的大雨，而且天气预报说近期还会持续下暴雨，不要前往。可明明就是不听，吵着一定要去。爸爸妈妈没办法只好答应。他们到达景区后，暴雨一直未停。明明的旅游计划全泡汤了，只能困在山脚下的休闲山庄里。一天，明明正在睡觉，突然听到巨大的响声，好像有什么东西从山坡上冲了下来。明明从床上跳起，往窗外一瞧，原来是暴雨引发了山区的泥石流。明明连忙和爸爸妈妈一起往山庄的楼顶跑去，其他游客也都纷纷跑到楼顶上。过了几小时，泥石流终于停了，明明和楼顶上的游客都得救了。

2. 记录表

第________组"求救情况"记录表

方式	发求救信号的方式	等待救援的方式
方式 1		
方式 2		
方式 3		
方式 4		

大班活动 5：防震减灾我知道

（一）活动背景

"知道一些基本的防灾知识"是 5~6 岁幼儿的学习与发展目标。地震灾害被称为自然灾害的群灾之首。本活动结合全国"防灾减灾日"，借用家长的力量，让幼儿了解"防灾减灾日"的由来以及防震减灾的相关科普知识；基于幼儿的经验，鼓励其将知道的防灾知识做成宣传册，在众人面前大胆、清楚表达，注意听同伴或教师讲话，捕捉新的信息，获得防灾新知识，进一步完善宣传册内容；通过游戏的方式激发幼儿做"宣传员"的欲望，并进行实践尝试，获得宣传体验。

（二）活动目标

第一，知道地震灾害是群灾之首，了解防震减灾的重要性。

第二，通过说说、看看、学学的方式，对地震科普知识产生兴趣。

第三，了解防震减灾的相关知识和防范措施，愿意积极宣传。

（三）活动准备

第一，标有"防灾减灾日"的日历、水彩笔若干、16 开的纸若干、订书机 1

个、玩具话筒1个、小红旗6面、“宣传员”标识若干。

第二，活动前，家长引导幼儿了解“防灾减灾日”的由来，以及防震减灾的相关科普知识。

（四）活动过程

1. 出示日历，导入活动

提问：“防灾减灾”是什么意思？你知道“防灾减灾日”吗？能在日历上找到吗？汶川地震是哪一天？

师幼小结：2008年5月12日，四川汶川发生8.0级地震，损失很大。为了让人们记住这一灾难，重视和做好防灾减灾工作，我国将每年的5月12日设为“防灾减灾日”。

2. 唤醒经验，激发幼儿的宣传欲望

说一说。提问：我们能在“防灾减灾日”干什么？你知道哪些防震减灾的知识？

画一画。幼儿分成若干组，将防震减灾的知识画出来，相互介绍绘画内容后，以组为单位做成宣传册，并写上组号。

玩一玩。游戏“小小宣传员”。

玩法：幼儿围坐成半圆，将其制作的宣传册都整齐地摆放在桌子上。教师与幼儿念“点兵点将，点到谁，谁就上”，最后一个字落在哪本宣传册上，制作此宣传册的小组成员上台，推选一人向集体做宣传，其余成员可以补充。教师为能大胆、自信宣传科学的防震减灾知识的小组授予红旗和“宣传员”标志。

规则：下一组宣传员由上一组幼儿“点兵定将”决定。幼儿要仔细听同伴的宣传内容，争取做到不重复宣传。

3. 引导幼儿根据他人的宣传介绍，完善本组的宣传册

师：刚刚听了同伴关于防震减灾的好办法，现在请你们把学到的新办法画在宣传册里。画完后，我们带上宣传册，向中班的弟弟妹妹们做宣传，让他们知道更多的防震减灾知识。

幼儿以组为单位再次商议、调整宣传册内容。

4. 实践活动：宣传小行动

(1)介绍活动要求。

以组为单位，每组选一名队长。队长举旗，带上宣传册。成员戴上“宣传员”小标志。队长带领成员商议选择宣传的班级，并向相应班级的教师说明来意，取得支持后进行宣传(活动前班级教师与中班教师衔接相关事宜)。

(2)幼儿实践，教师视情况指导。

(3)评价活动，活动结束。

(五)活动评价

幼儿知道5月12日为我国的“防灾减灾日”，愿意通过说说、看看、学学等不同的方式了解基本的防震减灾科普知识及防范措施，愿意通过绘画的方式制作防震减灾宣传册，并积极宣传，自信大方。

(六)活动延伸

在语言区投放幼儿制作的宣传册、水彩笔、绘画纸、订书机等材料，供幼儿讲述、制作、完善宣传册；在表演区投放小红旗、“宣传员”标志等，供幼儿自主进行“小小宣传员”游戏。

与中班教师衔接，利用一日生活中的离园环节，鼓励幼儿到相应班级做宣传。

请家长鼓励幼儿在来园或回家的路上积极向路人做宣传。

五、 主题单元幼儿表现评估

主题__________________

班级_______ 幼儿姓名_____________ 教师姓名___________

评价者_____ 日期___________

评估准则：完全掌握或做到为4分；有时掌握或做到为3分；初步掌握或做到为2分；暂未掌握或做到为1分。

表9　大班自然灾害防范安全单元幼儿表现评估

学习目标	具体表现	1分	2分	3分	4分
对自然灾害有敬畏之情，知道远离灾害、避开险境					
愿意关注强对流天气预警播报，尝试记录，并提醒他人注意防范					
知道符号SOS为求救信号					
能讨论、归纳自然灾害的防范小常识					
对"防灾减灾"科普知识有兴趣，愿意用自己的方式向身边的人宣讲					

大班身体安全

一、 主题单元背景资料

5~6 岁幼儿正处于体格发育的关键期，虽然已经有了一定的自我保护意识，掌握了部分自我保护的方法，但随着身体的发育，容易产生一些不良行为，如不由自主地触碰松动的牙齿，触碰隐私部位等。这些不良行为不仅会对生理造成不良影响，如形成龅牙等，也容易对其心理造成危害，如产生胆怯心理等，从而影响其成长与发展。

本主题基于大班幼儿特殊的生理成长现象和发展需要，通过故事、游戏等方式引导幼儿学会科学用眼、关爱耳朵、正视换牙、爱护双手、保护隐私部位，在认识身体、掌握保护方法的基础上，通过实际操作学习受伤后的处理方法，进而强化自我保护意识，养好良好的行为习惯，为进入小学奠定基础。

二、 主题单元目标

第一，有积极探索生命现象的兴趣，认识眼睛、耳朵、牙齿、手等身体部位与身体健康的关系。

第二，乐于接受身体健康检查，知道这是保护身体的重要方法。

第三，有主动保护眼睛、耳朵、牙齿、小手、隐私部位等的意识与习惯。

第四，积累与身体安全相关的经验，提高自我保护的能力和意识。

第五，学会一些应急自救的简单方法。

三、 主题单元环境创设

（一）墙饰创设

大班幼儿的思维能力、动作能力不断发展，特别是逻辑思维开始萌芽。教师可以丰富幼儿的记录方式以及操作方法，通过表格的形式来记录幼儿的行为，进而发展其逻辑思维能力。结合“身体安全”的主题活动目标及内容，墙饰创设分为以下四个方面。

第一，护眼亮晶晶。

结合卡通图示展示“眼球体操”儿歌：“大家一起来，做眼球体操。1，2，3，开始喽。眼球向右停5秒，1，2，3，4，5，回到中间停一下。眼球向上停5秒，1，2，3，4，5，回到中间停一下。眼球向下停5秒，1，2，3，4，5，回到中间停一下。用力闭上你双眼，再把眼睛一下子睁开。用力闭上你双眼，再把眼睛一下子睁开。用力闭上你双眼，再把眼睛一下子睁开。用力闭上你双眼，再把眼睛一下子睁开。”

制作幼儿在家用眼卫生习惯评价板块。幼儿自己制作用眼卫生评价表，表头包括姓名、用眼卫生的方式、评分。教师将制作好的表单过塑后让幼儿带回家，家长评价完后让幼儿带回幼儿园。教师将其挂在已经制作好的卫生习惯评价板块主题墙面，让幼儿在与同伴的竞争中逐步养成良好的用眼习惯。

第二，危险东西手不碰。

制作子母贴墙面，右边展示一些物品的图片，让幼儿判断哪些是不太安全的物品，将其插入墙面一侧的木桶图示中。左边展示手受伤后的应急处理方式的图片，还有一些箭头，让幼儿对手受伤之后的处理步骤进行排序。

第三，我的换牙记录墙。

逐一拍下幼儿的换牙情况并将照片贴在幼儿的大头照的下方，再次换牙时重新拍下新的换牙情况，展示在原有换牙照片的下方，并询问幼儿换牙时的心情以及换牙后的护牙方法（不舔牙、注意口腔清洁等），用便签记录下幼儿的分享，贴在换牙照片的旁边，供幼儿自主交流。

第四，安全触摸有范围。

展示男孩、女孩卡通图，用不同颜色的胶带标记不同部位的安全触摸级别。例如，红色胶带粘住的部位表示谁都不能碰；黄色胶带粘住的部位表示爸爸、妈妈、医生(在父母监护下)可以碰，其他人不可以碰；蓝色胶带粘住的部位表示好朋友、老师可以碰，其他人不能碰。

(二)区域活动

1. 美工区

(1)提供白纸、水彩笔，方便幼儿将活动中师幼讨论的有关用眼卫生的方法用绘画的形式制作成表单。

(2)用卡纸、彩笔制作“眼保健操”的图画书签。

2. 科学区

(1)提供笔、白纸以及镜子。幼儿绘制表格，表头包括日期、姓名、数量。照镜子并记录自己当前的换牙情况。

(2)提供3台播音设备、白纸、笔。幼儿听不同的声音，判断哪些是不会伤害耳朵的声音，哪些是会伤害耳朵的声音，并将其用表格的形式记录下来。

3. 阅读区

提供一些操作性强的有关身体部位以及幼儿性教育方面的绘本，如《可爱的身体》《小威向前冲》《邪恶的秘密》《幸运的米拉》等。

4. 身体探索区

投放五官立体模型，让幼儿探索，教师可以适当指导。

(三)班级文化

1. 引发幼儿关注身边环境，辨别、规避身边的危险，保护身体安全

大班幼儿渐渐将关注焦点从自己转移到别人以及周围环境。他们对于外界环境充满了好奇心。主题墙面要尽量满足幼儿探索外部世界的欲望，让他们多动脑思考，锻炼思维能力。

2. 引导幼儿养成良好的卫生习惯，保持身体健康

学龄前阶段是幼儿养成习惯的关键时期。小中班幼儿生活习惯的培养大部分都是在教师的引导下实现的。到了大班，教师就要通过教育活动以及班级环境创设让幼儿自发地遵守生活规则，形成健康的生活习惯。主题墙面多展示幼

儿填写的表格，让幼儿通过这些表格直观地感受自己身体的变化。

四、 主题单元教育活动方案

大班活动 1：预防近视有办法

（一）活动背景

随着互联网的高速发展，网络成为必不可少的学习途径。网络的使用越来越低龄化，加之不良的画画、看书习惯等因素的影响，幼儿近视率不断提高。

《3—6 岁儿童学习与发展指南》在健康领域提出，幼儿要具有良好的生活与卫生习惯。本次教学活动旨在让幼儿了解科学用眼、护眼的重要性，发现近视带来的不便，学习预防近视的方法，养成良好的用眼习惯，为进入小学做好准备。

（二）活动目标

第一，感知与体验近视带来的不便。

第二，学做眼保健操，了解预防近视的方法。

第三，乐于向同伴分享科学用眼的方法。

（三）活动准备

第一，绘本《眼镜公主》。

第二，视频《眼睛保健操》。

第三，透明膜（片）眼镜每人一副。

第四，幼儿对眼睛有前期认知，了解眼睛的基本结构。

第五，幼儿有关于眼睛结构的绘本阅读经验。

第六，幼儿有小组讨论的经验，能合作表达小组的想法。

（四）活动过程

1. 游戏引入：组织幼儿进行游戏体验活动，让幼儿感受眼睛的作用

教师组织幼儿玩“奇怪的眼镜”游戏，请幼儿戴上透明膜（片）眼镜看身边的人和物。

师：小朋友们，今天老师带来了一些奇怪的眼镜，请小朋友们戴上它，看看身边的人和物，你的感觉是怎样的？

幼儿与同伴分享戴上透明膜(片)眼镜看身边的人和物的感受。

教师小结：戴上透明膜(片)眼镜，我们就看不清东西了，这跟近视眼看东西的感觉差不多。所以我们一定要保护好我们的眼睛，因为只有健康的眼睛才能看清周围的东西。

2. 出示绘本《眼镜公主》，引导幼儿阅读，理解近视带来的不便

(1)教师出示绘本，引发讨论。

师：今天老师带来了一本绘本，这本绘本的名字叫“眼镜公主”。你们猜猜这位公主为什么要戴眼镜，她戴上眼镜以后又发生了什么事情。请大家先自己阅读一下绘本。

(2)幼儿阅读绘本前半部分，体验近视的不适感。

幼儿仔细观察绘本故事中的图片，教师提问：“公主的眼睛发生了什么奇怪的事情？公主为什么要戴眼镜？公主戴上眼镜后为什么很烦恼？你有过和公主一样的烦恼吗？”幼儿先自由讨论，根据绘本内容回答。教师出示透明膜(片)眼镜，让幼儿蒙着眼睛，体验并说说近视眼带来的不适感。

小结：原来戴上眼镜会对我们的玩耍、生活产生许多不便。

(3)幼儿完整阅读绘本后，了解预防近视的方法。

教师提问如何能让眼睛不近视，小结幼儿的方法，再展示绘本故事的方法。幼儿先自由讨论再回答。教师提问：“我们之前已经学习过保护眼睛的方法，你们还记得有哪些吗？”幼儿回顾保护眼睛、放松眼睛的方法。

小结：小朋友们说得真好，我们在日常生活中应该保护好我们的眼睛，要注意用眼卫生，不用手揉眼睛，要养成良好的用眼习惯，看书或看电视的距离不能太近，看30分钟就让眼睛休息一下。

3. 引导幼儿学习眼保健操

(1)幼儿观看眼保健操的视频。

师：除了刚刚提到的放松眼睛的方法以外，我们还可以用什么方法来预防近视呢？我们帮眼睛来做个按摩，让眼睛舒服舒服，你们想知道怎样帮眼睛做按摩吗？

(2) 幼儿学做眼保健操。

教师播放眼保健操的视频，让幼儿观看，提示其中的动作要领。教师数节拍，根据动作要领，逐一分解示范。幼儿跟着教师学做眼保健操，教师进行指导。

(3) 引出讨论话题：什么时候需要做眼保健操。

师：什么时候需要做眼保健操？只有小朋友需要做眼保健操吗？

幼儿自主回答。

小结：我们平时看电视、看书时间长了，可以做眼保健操保护眼睛。我们回家也可以教爸爸妈妈做眼保健操，告诉爸爸妈妈眼睛累了，可以做眼保健操帮眼睛做按摩。

4. 活动评价，结束活动

小结：小朋友们，眼睛是心灵的窗户，让我们从现在起养成爱护眼睛的好习惯，每天做眼保健操帮眼睛做按摩。只有这样，我们才能拥有一双明亮的眼睛。

（五）活动评价

幼儿通过体验游戏，激发了学习兴趣；通过阅读《眼镜公主》绘本，感受到了近视带来的不便，知道了保护眼睛的重要性；通过学习眼睛保健操，培养了良好的用眼习惯，增强了保护眼睛的意识。活动主题突出，环节清晰，层层递进。

（六）活动延伸

1. 墙饰创设

创设一面好看的眼睛区域展示墙，让幼儿分享保护眼睛的好方法。

2. 相关活动

(1) 邀请社区医院的医生到幼儿园，向幼儿介绍常见的眼疾，开展护眼宣传活动。

(2) 开展“眼睛去旅行”亲子活动。幼儿和爸爸妈妈一起到户外活动，观察与发现身边美好、有趣的事物，用绘画或拍照的形式记录下来，与同伴分享交流。

3. 一日生活、游戏、区角等活动

(1) 在科学区投放望远镜、凸透镜、凹透镜，让幼儿感受不同视象。

(2)每天安排固定的时间组织幼儿做眼保健操，让幼儿养成良好的用眼习惯。

(3)在角色扮演区提供相关材料，运用戏剧元素，让幼儿把《眼镜公主》的故事设计成儿童戏剧，自己选择伙伴合作演绎。

4. 家庭亲子活动

(1)推荐儿歌《保护眼睛》，倡导家长与幼儿一起诵读儿歌，巩固科学用眼的方法。

(2)推荐视频《眼睛保健操》，倡导家长与幼儿一起做眼保健操，养成科学用眼的好习惯。

(七)参考资源

保护眼睛

小眼睛，亮晶晶。
看世界，多美丽。
小眼睛，要看清，
爱护它，要趁早。
多休息，习惯好；
躺床上，别看书；
开小灯，光线好；
写字时，挺起腰；
书距离，正正好；
讲卫生，勤洗手；
揉眼睛，不用手。
好习惯，要保持，
保视力，健康好。

侯峻姬，2010 年 4 月 30 日

大班活动 2：保护耳朵

(一)活动背景

大班幼儿知道耳朵能够帮助自己听到各种声音，有关于声音音量适中听起来悦耳、音量太小听不清、音量太大伤耳朵等生活经验。随着幼儿的成长，其对于在乘飞机、擤鼻涕及游泳前等不同情境中如何保护耳朵有了基本的经验。为了进一步培养幼儿良好的用耳习惯，提高其保护身体安全的意识，防止用耳不当造成对身体的伤害，由此设计此次教学活动，帮助幼儿认识保护耳朵的必要性以及在日常生活中保护耳朵的正确方法，增强安全意识。

（二）活动目标

第一，了解在乘飞机、擤鼻涕、游泳前等不同情境中保护耳朵的必要性

第二，能够分辨正确和错误的使用耳朵的方法，并说出原因。

第三，乐意与他人分享保护耳朵的妙招。

（三）活动准备

第一，清脆悦耳的音乐以及噪声音频，乘飞机、擤鼻涕、游泳前等不同情境中的动画，正确使用耳朵和错误使用耳朵的卡通操作卡片，标有“√”和“×”的卡片展板两块，白纸和彩笔。

第二，幼儿对于在乘飞机、擤鼻涕以及游泳前等不同情境中如何保护耳朵有了基本的生活经验。

（四）活动过程

1. 教师播放清脆悦耳的音乐以及噪声音频

教师播放清脆悦耳的音乐以及噪声音频，引导幼儿说出自身的感受。

小结：噪声会让我们耳朵感觉到不适，长期处于噪声环境会损坏人的听觉系统甚至导致听力损失，因此我们要保护耳朵，远离噪声。

2. 教师播放在乘飞机、擤鼻涕、游泳前等不同情境中的动画，引导幼儿分组讨论在不同情境中如何保护耳朵

(1) 幼儿回忆自己在乘飞机时是否有耳鸣的感觉，是如何解决的。

(2) 幼儿回忆在擤鼻涕的时候，要注意什么。

鼻腔和耳腔是相通的，在擤鼻涕的时候，我们不要过于用力，否则会对耳朵造成伤害。

(3) 幼儿讨论游泳前为了避免耳朵进水，要注意什么。

有效防止耳朵进水的方法就是游泳前戴好耳塞，这样可以有效保护耳朵。

3. 引导幼儿自由分组讨论正确和错误使用耳朵的方法

教师出示掏耳朵、听大声的音乐、正常音量交流等日常使用耳朵的卡片，供幼儿判断对错。

幼儿自由分为两组：一组负责找出正确使用耳朵的卡片贴在标有“√”的展板上，一组负责找出错误使用耳朵的卡片贴在标有“×”的展板上。幼儿自由讨论、操作。

每组派一名代表上台分享本小组的想法，并说出为什么正确或错误。

小结：掌握分辨正确和错误的使用耳朵的方法，有助于我们更好地保护耳朵，成为保护耳朵“小卫士”哦！

4. 幼儿欣赏自编儿歌《保护耳朵》，巩固学习

保护耳朵

小耳朵本领大，我们都要保护它；
听音乐戴耳机，声音不要开太大；
马路上有噪音，捂住耳朵不要听；
北风呀呼呼吹，戴上耳罩不怕冻；
耳朵呀用处大，我们一定保护它！

5. 幼儿分享和交流，绘画保护耳朵约定书

幼儿分享日常生活中不恰当的使用耳朵的习惯，如同伴对着耳朵尖叫，谈谈自己的感受。

教师提供白纸和彩笔，幼儿绘画保护耳朵约定书。

（五）活动评价

幼儿掌握了正确保护耳朵的方法，在一日生活中能正确使用耳朵，改正不良的用耳习惯。

（六）活动延伸

1. 区域活动

整合区域活动资源，在美工区提供方形卡纸、彩笔等供幼儿绘画保护耳朵约定书，将绘画作品贴在班级墙上；在科学区提供用 KT 版制作的“保护耳朵翻翻看”的自制学具，供幼儿进一步巩固正确使用耳朵的方法。

2. 家庭亲子活动

鼓励幼儿回家与爸爸妈妈分享保护耳朵的正确方法，在日常生活中共同保护耳朵，爱护身体。

（七）参考资源

1. 关于耳朵的常识

(1)告别伤耳七“不要”。

(2)造成耳聋的原因。

(3)护耳妙招应掌握。

2. 儿歌

小小耳朵作用大

小小耳朵作用大，听歌听声全靠它；
听辨声音本领大，音量大小有偏差；
人体平衡靠耳廓，空间知觉需要它；
正确用耳益处多，保护耳朵你我他！

3. 拓展阅读

北京健康教育协会．耵聍的旅行[M]．北京：中国人口出版社，2015.

[英]卡罗淋·丘奇．跟我一起动耳朵[M]．北京：同心出版社，2012.

大班活动 3：换牙我不怕

（一）活动背景

大班幼儿正处于换牙阶段，对换牙充满了好奇心，但同时又有些害怕、紧张或害羞。为了让幼儿知道换牙是每个人都必须经历的过程，消除幼儿换牙时期的紧张感，减少因换牙带来的酸痛感及掉牙后说话发音不清的难为情，了解换牙期间要注意的问题，帮助幼儿顺利度过换牙期，教师特设计了此次活动。

（二）活动目标

第一，认识乳牙和恒牙，理解换牙是成长过程中的正常现象。

第二，学习保护牙齿的方法，做到在换牙期间正确保护自己的牙齿。

第三，克服因换牙带来的不良情绪，乐于分享换牙带来的特殊感受。

（三）活动准备

第一，乳牙和恒牙的牙齿模型(贴上嘴巴、眼睛)。

第二，幼儿换牙期间的行为表现的相关图片(或视频)：换牙期间不用手抠牙齿，不用舌头舔牙齿，不吃过于坚硬的东西，不嘲笑别人没有牙齿等。

第三，班里有部分幼儿已经开始换牙，并有对换牙有一定的认识。

（四）活动过程

1. 谜语导入，激发幼儿兴趣

师：小朋友们，听说你们猜谜语可厉害了。现在，老师有一个谜语想请你们猜猜，它和我们的身体有关，请你们仔细听好，猜猜它是什么。小小石头硬又白，整整齐齐排两排。天天早起刷干净，结结实实不易坏(谜底：牙齿)。

2. 引导幼儿说出换牙

(1)教师提问牙齿的作用，幼儿根据经验回答。

师：小朋友们，在平时的生活中，我们的牙齿有什么用呢？

(2)教师请幼儿互相观察牙齿，找出不同的地方，引出换牙。

(3)教师小结。

师：小朋友们观察得真仔细，我们班上有的小朋友的牙齿掉了，原来这几位小朋友是在“换牙”。

3. 引导幼儿认识乳牙和恒牙，了解换牙是正常的生理现象

(1)教师询问幼儿的换牙情况，并请幼儿互相讨论对换牙的理解。

师：什么是换牙呢？是不是现在还没有换牙的小朋友就不会掉牙齿了呢？(没有换牙的幼儿可以自主找换牙的幼儿讨论)

(2)教师出示乳牙和恒牙的模型，在幼儿观察的同时进行情境表演。

师：我们每个人在成长过程当中都会拥有两副牙齿，下面请小朋友们仔细听一听两副牙齿的自我介绍吧。

乳牙的介绍：小朋友们，你们好！我是乳牙，是你们自出生以来的第一副牙齿，很高兴可以陪伴在你们身边这么久。

恒牙的介绍：小朋友们，你们好！我是恒牙，是你们的第二副牙齿。因为你们长大了，需要更坚硬的牙齿来保护你们，所以在乳牙完成工作离开后，就轮到我来和你们做好朋友了，你们可要好好爱护我哦！

(3)教师小结。

师：换牙是我们成长过程中都会经历的一个自然的过程，代表我们要长大了，这是一件值得骄傲的事情。我们给已经换牙的小朋友鼓个掌吧。不过，还没有换牙的小朋友也不要着急，换牙有的快有的慢，你们只是换牙期还没有到而已。

4. 引导幼儿正确对待换牙期，重视换牙期要注意的问题

(1)教师出示关于换牙期的行为表现的图片(或视频)，请幼儿判断对错。

师：换牙期间我们一定要好好保护牙齿，因为恒牙长不好就不会再有新牙了。下面我们来玩个小游戏，请小朋友们来当“牙医博士”，判断图片(或视频)中小朋友的做法对不对。

教师结合图片，向幼儿说明换牙期的注意事项。

师：平时必须要保持牙齿清洁，好好刷牙；牙齿松动了，千万不要用手去摇动它，否则可能会流血甚至感染；不要用舌头舔牙齿，因为这样长出来的牙齿可能就不整齐、不漂亮了；不要只吃软的食物，也不要多吃过硬的东西，要

多吃纤维含量高、耐咀嚼的食物，如海带、芹菜、玉米等，这样可以促进我们新牙齿的发育；如果遇到特殊情况，恒牙长出来了，乳牙还没有掉，我们就要马上告诉爸爸妈妈，带我们去医院把乳牙拔掉。如果我们在换牙的时候注意这些问题，那换牙也没有那么可怕嘛！

5. 鼓励幼儿争做“采访家”

教师请没有换过牙的幼儿充当“采访家”，将自己的好奇和困惑说给换过牙的幼儿，由换过牙的幼儿回答。

师：关于“换牙”小朋友们一定还有一些困惑。下面请没有换过牙的小朋友当一次“采访家”，提出自己想问的问题，之后由“被采访者”根据自己的经验为他们解答。

6. 总结

师：小朋友们，虽然换牙期间我们少了牙齿，可能会有些不舒服，但要知道，这段换牙的经历有且只有一次，对我们每个人都是一段特别的记忆。这个时期的你也是最特别、最可爱的。让我们一起说“换牙我不怕！”

（五）活动评价

本次教学活动通过猜谜语、情境表演、争当“采访家”等不同活动形式，激发了幼儿的学习热情和兴趣。整个活动中，幼儿在轻松愉快的氛围中观察、思考、交流，提高了观察分析、语言表达等能力，正确认识了换牙，掌握了换牙期间保护牙齿的方法。换过牙的幼儿为没换过牙的幼儿解答困惑，可以帮助没换过牙的幼儿克服因换牙带来的不良情绪。

（六）活动延伸

1. 相关活动

请幼儿以绘画的形式画出“换牙时的我”。

邀请家长走进课堂，和幼儿分享有关换牙的小知识，让幼儿勇敢轻松地面对换牙期。

2. 一日生活、游戏、区角等活动

在生活区悬挂有关换牙顺序及换牙期间要引起注意的图片，让幼儿进一步了解换牙，坦然面对换牙。

在语言区放置有关换牙的绘本，并在书柜旁一角提供记录本和笔，让幼儿随时可以在本子上记录下自己的心情和感受。

在角色表演区提供相关牙科道具，幼儿分别扮演医生和正在换牙的孩子，由医生给正在换牙的孩子提出建议，做心理辅导。

在美工区提供水彩笔（或蜡笔）、彩纸等各种材料，让幼儿制作“换牙不可怕”的宣传海报，帮助其他正在换牙的小朋友消除紧张情绪。

3. 家庭亲子活动

请爸爸妈妈和幼儿分享自己换牙时的故事。

每个家庭制作一张“爱护牙齿”的表格，让幼儿每天记录自己是否坚持做到了爱护牙齿。如果当天每一项都做到了，则奖励一朵小红花。

准备一本画册，家长和幼儿随时记录幼儿在换牙期间发生的趣事。

（七）参考资源

[德]伊沃娜·哈顿斯，[德]托马斯·勒厄．换牙书[M]．竞雯，译．北京：北京科学技术出版社，2018.

[美]露西·贝特，[美]戴安娜·德格罗特．有一颗牙在晃[M]．赵西，译．北京：北京科学技术出版社，2017.

[英]夏洛特·米德尔顿．一颗超级顽固的牙[M]．彭懿，译．海口：海南出版社，2007

[英]罗伦·乔尔德．我那颗摇晃的牙齿绝对绝对不能掉[M]．南宁：接力出版社，2007.

[日]中川宏贵，[日]大岛妙子．我的牙掉了[M]．刘洋，译．北京：北京科学技术出版社，2014.

大班活动 4：爱护我的小手

（一）活动背景

大班幼儿生理和心理发展尚未完善，好奇心强，好动。我们有时会看到这样的情景：用剪刀头对着别人，咬手指，用指甲掐同伴。他们常常趁成人不注意做一些危险的动作，挑战安全规则，导致手等受伤，却没有处理损伤部位的能力。

幼儿园教育应该及时使幼儿了解这些肢体行为对手的危害性，培养幼儿良好的行为习惯。教师要有防范意识，在日常生活、教学活动中，给予幼儿一定的安全知识，提高其自我保护意识，让幼儿学会一些自我保护的方法，培养和提高幼儿的自我保护能力。

（二）活动目标

第一，知道某些行为或事物对手的危害性。

第二，掌握手部受伤后的包扎方法和保护方法。

第三，愿意调节自己的行为，保护小手安全。

（三）活动准备

第一，幼儿在日常活动中使用各种工具进行游戏的视频。例如，幼儿自由选用铅笔、小木工工具等进行操作的视频。

第二，“大眼猫的小手”故事课件。

第三，彩色卡纸、画笔，按小组数量准备。

第四，绷带，按幼儿人数准备。

第五，幼儿有使用工具制作的经验，对危险行为、动作、用品对手引起伤害有一定的辨别能力。

（四）活动过程

1. 播放视频，引导幼儿感知小手的灵活性

幼儿观看日常活动视频，介绍使用工具的方法，重点介绍操控工具时的感受。

2. 讲安全故事“大眼猫的小手”

(1) 幼儿欣赏故事“大眼猫的小手”，理解用手安全的重要性。

师：小朋友为什么不喜欢大眼猫？（大眼猫的指甲很长，小手很脏，还爱抓小朋友，也会让自己受伤）

师：为什么大眼猫和玩具身上都有伤痕呢？（大眼猫不注意用手安全，把玩具和自己都划伤了）

师：手工课的时候，大眼猫的手为什么会受伤？（大眼猫没看着手，导致手受伤了）

师：小黄鸭是如何帮助大眼猫处理伤口的？（大象老师赶紧捏住大眼猫的手

指根部为它止血。小黄鸭急忙找来纱布和消毒液，先给大眼猫受伤的手指消毒，再为它包扎伤口)

(2)幼儿结合故事开展小组讨论，绘画小组讨论结果。

师：妈妈为什么要大眼猫剪指甲？

师：大象老师为什么说使用剪刀一定要小心？

师：小手受伤后简单的处理方法和保护方法你会吗？

3. 组织幼儿扮演角色，学习常用的包扎方法——绷带环形法

(1)教师扮演医生，一名幼儿扮演伤员，演示包扎流程。

师：绷带环形法适用于粗细相似的部位，如颈部、胸腹部、四肢、手指、脚趾。小伤口的包扎一般都用此法。

演示步骤如下。

①将绷带做环形缠绕，第一圈略斜一点，第二圈与第一圈重叠，将第一圈斜出的一角压于环形圈内，这样固定更牢靠些。

②第三圈开始每一圈都将上一圈压住约3/4，按同一方向缠绕，将敷料全部包裹住。

③将绷布剪断，剪开带尾成两头打结；或者将绷带反方向拉出一段，形成一边单层，一边双层，然后打结。

(2)一名幼儿替代教师扮演医生，尝试演示，教师指导。

(3)幼儿两两结对，分别扮演医生和伤员，尝试第一轮包扎，教师巡回指导。

(4)展示和评价包扎情况。

(5)幼儿交换角色，尝试第二轮包扎，教师巡回指导。

(6)再次展示和评价。

4. 小结

师：小朋友们要记住，无论在幼儿园还是在家里，我们都要爱护自己的小手，使用钝口圆头的儿童专用工具。使用它们时，一定要集中精神，眼睛看着小手做动作，不能一边说笑，一边使用尖锐的工具。手里拿着这些尖锐工具时，不要乱晃动手或四处奔跑。用完后，要放在安全的地方。安全永远记心中，相信小朋友一定会按要求做的。

（五）活动评价

本活动以幼儿使用工具的生活场景引入，引发幼儿参与活动的兴趣，通过生动有趣的故事强调用剪刀时要注意保护小手，并引出绷带环形法的学习环节。在学习用绷带包扎的环节中，幼儿互相合作、亲身体验、动手操作，学会了处理伤口的方法。活动设计源于生活，归于生活，环环相扣，层层递进，让幼儿切切实实地获得了保护小手的能力。

（六）活动延伸

1. 相关活动

邀请校医为幼儿做小损伤的自我护理专题讲座。

2. 一日生活、游戏、区角等活动

开展用手安全评比活动。

3. 家庭亲子活动

(1) 请幼儿为家长包扎，并在班群内分享相关图片和视频。

(2) 在班级微信群等平台开展家庭亲子活动，进行关于剪指甲、护手、爱手等生活习惯的交流活动，鼓励家长将照片、视频分享至班级群。

大班活动 5：别碰我

（一）活动背景

幼儿在与周围形形色色的人接触的过程中，会碰到各种各样的情况。幼儿身心发展水平较低，辨别是非能力弱，容易受到诱惑。为了帮助幼儿进一步熟悉身体隐私部位，学会拒绝别人，增强自我保护的意识，教师特设计了此活动。

（二）活动目标

第一，熟悉身体的隐私部位，知道不能随便触摸自己和他人的隐私部位。

第二，掌握在不同情况下保护隐私部位的方法，能够对侵犯自己隐私部位的行为大胆说“不”。

第三，热爱自己的身体，增强保护身体的意识。

（三）活动准备

第一，音乐播放设备一台、音乐《身体音阶歌》。

第二，图片：穿着泳衣的男孩和女孩。

第三，情境模拟：教师与幼儿提前准备“摸一摸对方身体”的游戏情境。

第四，课件：午睡的时候，有一位叔叔要看一看幼儿的身体。

第五，幼儿知道身体的哪些地方属于隐私部位。

(四)活动过程

1. 游戏导入，让幼儿感知身体各部位

师：小朋友们，今天我们来玩个有趣的音乐游戏，请你们一起跟着音乐做出相应的动作(摸摸你的膝盖，摸摸你的小腰，摸摸你的脑袋等)。

幼儿与教师一起跟着音乐触摸对应的身体部位。

教师小结：原来，我们的身体有这么多部位，而且每个部位都有它的作用，所以我们要好好地爱护它们。让我们一起展开双手，紧紧地拥抱一下自己的身体吧！

幼儿双臂交叉于胸前，拥抱自己的身体。

2. 引导幼儿认识隐私部位的名称和特殊性，并知道要保护它

(1)教师出示穿泳衣的男孩和女孩的图片。

师：夏天来到了，小朋友们最喜欢的活动之一就是游泳。为什么游泳的时候要穿泳衣呢？为什么不能像洗澡一样脱光衣服呢？

幼儿根据教师的问题发表自己的看法。

(2)教师小结，让幼儿明白要保护好自己的隐私部位。

师：我们身体中有些部位是不能让别人看的，这些部位叫隐私部位。隐私部位必须用衣裤挡盖，不能给人看，也不能给人摸。

(3)幼儿认识隐私部位器官的名称，知道要保护好隐私部位。

师：小朋友们，你们还记得必须要遮住的地方是我们身体的什么器官吗？

幼儿说一说隐私部位的名称(包括男女孩的胸部、屁股，男孩的阴茎，女孩的外阴)。

教师小结：隐私部位对我们来说和眼睛、鼻子、嘴巴一样重要，但一定不能随便给人看和摸。

3. 通过多种方法，引导幼儿学习如何在不同情境中保护自己的隐私部位

师：小朋友们，如果遇到下面的这些情况，我们该如何保护自己呢？

(1)教师引导幼儿在游戏中形成保护隐私部位的意识。

情境一：幼儿园的小朋友提出要和你玩“摸一摸对方身体”的游戏，你要怎么做呢？

幼儿以小组形式，大胆讨论，发表自己的看法。

教师小结：在玩游戏的过程中，隐私部位是不可以碰的。如果小伙伴要碰或看你的隐私部位，请你勇敢地告诉他：“别碰我！我不碰你的隐私部位，你也不能碰我的隐私部位。”

(2)教师引导幼儿知道防范熟人，避免被熟人触碰隐私部位。

情景二：家里来做客的叔叔说要看一看你的身体，你要怎么办呢？（播放课件）

幼儿以小组形式，大胆讨论，发表自己的看法。

教师小结：熟悉的人想看或想碰我们的隐私部位，也是不可以的。请你勇敢地告诉他“别碰我！”还要记得告诉爸爸妈妈。

(3)教师引导幼儿知道生病时要在爸爸妈妈或教师的陪伴下才能让医生检查隐私部位。

情境三：在楼下玩滑梯的时候，有一位叔叔走过来说他是医生，要拉开你的衣服帮你检查一下身体。

幼儿以小组形式，大胆讨论，发表自己的看法。

教师小结：如果感到身体不舒服，一定要在爸爸妈妈或老师的陪同下去看医生。当医生要检查你的隐私部位时，爸爸妈妈或家人要陪伴在自己身边。小朋友们要记住，无论任何人，包括爸爸妈妈、爷爷奶奶、爸爸妈妈的朋友、亲戚、老师都不可以随便看或摸我们的隐私部位，我们也不可以随便看或摸别人的隐私部位。如果有人想看或想摸我们的隐私部位，我们要勇敢地拒绝他，并大声表示“别碰我！”

4. 在游戏中增强幼儿保护隐私部位、懂得勇敢拒绝的意识

“知识抢答”游戏玩法：幼儿自由分成4组，并根据喜好拟好组名。教师向

幼儿提问关于“保护隐私部位”的相关问题，幼儿根据自己的了解进行知识抢答，最后积分最多的一组获胜。

(1)如果有人要摸你的隐私部位，你要怎么做呢？

双手交叉护住自己的隐私部位，大声说出“别碰我！”

(2)如果有人要带你去没人的角落或房子里，你要去吗？(不可以随便去)

(3)如果有人摸了你的隐私部位，该藏在心里不说还是及时地告诉爸爸妈妈或老师？(及时告诉爸爸妈妈或老师)

(4)什么情况下可以让别人摸你的隐私部位呢？(爸爸妈妈帮忙洗澡，在家人陪同下医生检查身体)

(5)别人的隐私部位，我们可以随便看、随便摸吗？(不可以)

5. 总结

师：小朋友们，我们身体的每一个部位都很重要，尤其是隐私部位。我们一定要学会自我保护。当别人侵犯我们的隐私部位的时候(出示卡片中侵犯隐私部位的不正确行为)，我们要记住，不要害怕，不要慌张，要大声地对他说出“别碰我！”

(五)活动评价

本次教学活动以音乐游戏为导入，先让幼儿在美妙的音乐节奏中感受自己的整个身体，提高幼儿对活动的参与度。之后，教师从幼儿熟悉的“游泳要穿泳衣”的问题入手，让幼儿再次明确保护隐私部位的重要性，在此基础上，通过不同的情境表演让幼儿学会在不同情境中防止他人侵犯自己的隐私部位。最后，教师通过游戏和呈现图片等形式，让幼儿学会在别人侵犯自己隐私部位时勇敢地大声说出“别碰我！”

(六)活动延伸

在阅读区投放绘本《邪恶的秘密》，供幼儿自主阅读，并鼓励幼儿将感受分享给同伴。

在表演区提供情境表演的服装与材料，让幼儿再现保护隐私部位的学习情境。

通过家园联系栏、微信群等方式，让家长了解游戏“别碰我”的玩法，并带幼儿一起玩。

让家长鼓励幼儿在家自己洗内裤，知道要注意隐私部位的清洁卫生。

（七）参考资源

[韩]柳炫，[韩]崔熙英．邪恶的秘密[M]．陈爱丽，译．杭州：浙江教育出版社，2010.

唐韵，铁皮人美术．我从哪里来[M]．哈尔滨：黑龙江美术出版社，2017.

五、 主题单元幼儿表现评估

主题____________________

班级________　　幼儿姓名______________　　教师姓名____________

评价者______　　日期____________

评估准则：完全掌握或做到为 4 分；有时掌握或做到为 3 分；初步掌握或做到为 2 分；暂未掌握或做到为 1 分。

表 10　大班身体安全单元幼儿表现评估

学习目标	具体表现	1 分	2 分	3 分	4 分
有积极探索生命现象的兴趣，认识眼睛、牙齿、手等身体部位与身体健康的关系					
乐于接受身体健康检查，知道这是保护身体的重要方法					
有主动保护眼睛、耳朵、牙齿、小手、隐私部位等的意识与习惯					
积累与身体安全相关的经验，提高自我保护的能力和意识					
学会一些应急自救的简单方法					

大班电器、电子产品安全

一、主题单元背景资料

随着科技的进步，飞速发展的信息化时代塑造了一种全新的生活方式，琳琅满目的电器、电子产品逐步占据人们的日常生活，不可避免地成为幼儿生活的一部分。近几年电器、电子产品起火或爆炸等事件时有发生，如果操作不当，这些潜在的风险就会直接威胁到家庭财产安全及幼儿生命安全。因此加强对幼儿安全使用电器、电子产品的教育刻不容缓，且应引起家长及教育工作者的高度重视。

本主题在幼儿了解电器、电子产品种类、名称及用途的基础上，根据大班幼儿能够进行自主学习、开始有意识控制自己的行为、遵守集体规则等特点，从生活中常用的电器、电子产品入手，引导幼儿在观察、感知、体验、了解电器、电子产品功能、用途的基础上，学习、掌握正确使用电器、电子产品的方法，养成良好习惯，知道电器、电子产品给人们生活带来的方便以及可能存在的危险，树立安全意识，增强自我保护能力。

二、主题单元目标

第一，知道生活中常见的电器、电子产品的功能及正确的使用方法。

第二，了解信息时代电器、电子产品给人们生活带来的便利。

第三，知道电器、电子产品使用过程中可能存在的危险，提高安全意识。

第四，在成人的帮助下积累使用电器、电子产品的相关经验，掌握正确的使用方法。

第五，学习合理规划自己的作息时间，处理好学习与游戏的关系，为入小学做好准备。

三、 主题单元环境创设

（一）墙饰创设

根据本主题的目标、内容，结合大班幼儿的年龄特点、经验及认知水平，墙饰创设可分为以下三个主题板块。

1. 我知道的电器、电子产品

此板块可由幼儿和家长提前统计家里的电器、电子产品，收集常用电器、电子产品的图片、照片等，塑封制作成卡片。教师将这些卡片展示在主题墙上，供幼儿观察、操作和分类。电器、电子产品包括家电类，如电视机、洗衣机、电饭煲、智能扫地机等；通信类，如电话机、手机、平板电脑、智能手表等；玩具类，如电动玩具、遥控汽车、学习机、游戏机等。幼儿能说出它们的名称、用途以及与人们生活的关系。

2. 电器、电子产品与生活

此板块可以用图片与生活场景匹配的方式，如打电话——手机、电话机、智能手表，玩游戏——游戏机、手机、平板电脑，看电影——电视机、电脑、手机等，让幼儿熟悉常用的电器、电子产品与人们生活的密切关系，知道电器、电子产品给人们生活带来的便利。

3. 电器、电子产品与安全

此板块主要让幼儿了解电器、电子产品在给人们生活带来方便的同时也存在一定的危险，可以通过图片、照片呈现。例如，看电视时，一个幼儿离屏幕距离适当，坐姿正确；另一个幼儿则离屏幕很近。幼儿判断正误。

（二）区域活动

1. 阅读区

(1)提供有关电器、电子产品的绘本，如《再见，电视机》《晚安，iPad》《潘妮，别看电视啦》等。

(2)投放平板电脑三部，下载有声读物、绘本故事等供幼儿聆听或阅读，让幼儿感知、体验电子读物与纸质图书的区别，并进行讨论，拓展经验。

(3)设立电器、电子产品阅读规则(如距离、时长、操作注意事项等)。

2. 科学区

(1)提供普通玩具，如各类汽车、毛绒玩具、机械玩具等。

(2)投放电子玩具，如遥控汽车、音乐盒、音响等。

(3)布置体验区，提供一块较为开阔的场地，让幼儿能够体验、发现电子玩具与普通玩具的不同，如普通玩具汽车不能自己走，需要小朋友帮忙才能向前走，而遥控汽车装上电池后就可以自己走了，还可以根据遥控器的操作改变行驶方向和速度，知道电子玩具比普通玩具功能多。

3. 美工区

(1)提供常见的电器、电子产品的图片、照片等，布置在美工区周边，供幼儿观察。

(2)投放纸张、彩泥、废旧纸盒等材料，供幼儿设计、制作自己喜欢的电器、电子产品和未来的电器、电子产品。

（三）班级文化

1. 引导幼儿观察和发现家里及幼儿园里的电器、电子产品，了解现代科技产品给人们生活带来的便利，感受社会的发展和进步

大班幼儿的活动范围进一步扩大，认知水平进一步提高，对周围生活充满好奇，喜欢探索、摆弄各类玩具，喜欢使用成人的东西，成人使用的电器、电子产品更是让他们“爱不释手”。本主题从日常生活中常用的电器、电子产品入手，引导幼儿观察、了解自己家里及幼儿园里都有哪些电器、电子产品，并通过观察与操作，学习对电器、电子产品进行简单分类，了解它们的用途以及给我们生活带来的影响，进一步了解信息时代人们快捷和便利的生活，感受科技进步及社会发展让我们的生活更加美好，培养观察能力和探索精神。

2. 引导幼儿了解电器、电子产品的优势与风险，在成人的帮助下尝试正确使用电器、电子产品，养成良好习惯，树立安全意识，学会自我保护

本主题通过四个不同内容的教育活动，引导幼儿在了解相关电器、电子产品的功能及优势的基础上，知道长时间使用电器、电子产品可能存在的危险以及对身体的危害，掌握正确的使用方法和使用电器、电子产品的要求，在成人的帮助下积累使用电器、电子产品的相关经验，合理安排学习与游戏的关系，养成良好习惯，提高安全意识。

四、 主题单元教育活动方案

大班活动 1：家用电器是我的小帮手

（一）活动背景

随着生活水平的提高以及生活节奏的加快，为了提高工作效率，减少家务劳动，越来越多的家用电器进入人们的日常生活。幼儿天生好奇，喜欢模仿，对于家中的电器更是觉得新鲜，如电饭锅怎么煮饭、洗衣机如何洗衣等，电器成为他们观察和探索的对象。在本次活动中，幼儿通过观察成人如何使用家用电器，来了解家用电器给人们生活带来的方便，知道其工作原理，并在成人的指导下尝试操作。

（二）活动目标

第一，知道家用电器的操作方法和简单的运作原理。

第二，能在大人的陪同下安全使用部分家用电器。

第三，在制作食物的过程中，体验家用电器的便捷，感受家用电器存在的危险。

（三）活动准备

第一，儿童生活体验馆环境布置，邀请三位妈妈扮演厨师。

第二，电磁炉，电饼铛，榨汁机，平底锅，包饺子的面皮、馅料、工具，苹果，橙子，鸡蛋，围裙，帽子，护袖等。

第三，幼儿了解妈妈平时做饭时常用的厨房电器，初步掌握包饺子的技能，有一定的安全常识。

(四)活动过程

1. 引导幼儿观察，了解今天的生活体验任务以及所用的厨房电器

师：今天我们邀请了三位能干的妈妈，我们一起和妈妈们学习做饭。你们看一看今天妈妈们要教我们做什么饭，厨房里都有哪些电器可以帮助我们完成任务。

幼儿说一说这些厨房电器的主要用途，根据自己的生活经验大胆地讲述自己的认识并正确表达。

2. 请三位妈妈分别讲解、示范这些电器的操作方法

(1)电磁炉：电磁炉通电，上面放加水的平底锅，水烧开之后就可以煮饺子了。

(2)榨汁机：将水果切块，放进榨汁机，打开电源后刀片快速旋转，就可以榨出果汁了。

(3)电饼铛：通电加热后将鸡蛋打在烤盘里，就可以煎鸡蛋了。

3. 引导幼儿分组操作，实践体验

幼儿在成人的指导下学习简单的食物烹饪，尝试使用厨房电器。

幼儿分成三组，明确各自的任务，分别是包饺子、榨果汁、煎鸡蛋。教师提出操作规范及安全要求。

三组幼儿分别在三位妈妈的指导下开始操作，尝试使用相应的电器，最后完成美食制作。

教师将饺子、果汁及煎蛋按组分好，供幼儿品尝，让幼儿体会自己劳动带来的成就感。

引导幼儿说一说家用电器的特点及其给我们的生活带来的便利。

师：你们觉得这些小家电有什么好处呢？它们都帮我们做了哪些工作呢？

幼儿相互交流，大胆表达自己的想法，并愿意分享给同伴。

小结：这些电器为我们的生活提供了很多方便，既省时间又省精力，真是我们的好帮手。

师：除了今天用到的电器之外，你还知道或见过哪些家用电器？说一说它们的名字和用途。

幼儿大胆说出自己知道的家用电器，分别从电器的形状、颜色、用途等几个方面进行表述。

（五）活动评价

本活动关注幼儿的学习兴趣及生活经验，让幼儿通过直接感知、实际操作和亲身体验制作美食，了解家用电器的用途及使用方法，符合大班幼儿的年龄特点和认知水平，也可以锻炼幼儿的动手能力。在活动过程中，教师将电器的安全使用自然带入，便于幼儿直观理解。

本活动注重幼儿经验的拓展和迁移，引导幼儿观察日常生活中常用的家用电器及其功用，有利于幼儿养成爱观察的良好习惯，不断积累生活经验，在了解功能的基础上进一步强化对电器结构和不安全操作的知识的掌握。

（六）活动延伸

1. 区角活动

分别在阅读区、科学区和美工区开展相关内容的活动，如阅读有关家用电器的绘本，比较家用电器的不同并进行分类，设计或绘画出未来的家用电器并和同伴分享等。

2. 亲子活动

引导幼儿观察家用电器，并按放置场所的不同进行分类和统计，如厨房电器、客厅电器、卫生间电器、书房电器等。

（七）参考资源

王早早．咬人的家用电器[M]．北京：中国地图出版社，2015.

迪士尼公司．会咬人的家用电器[M]．北京：人民邮电出版社，2016.

大班活动 2：手机隐私与信息安全

（一）活动背景

手机和现代生活密不可分，是人们日常工作、生活离不开的通信工具。幼儿喜欢玩爸爸妈妈的手机，因为手机可以拍照，可以玩游戏，可以聊天、视频等。手机的这些功能吸引着幼儿，也能激发幼儿的学习兴趣。但是对于隐私保护和信息安全，幼儿却知之甚少，操作失误有可能带来巨大的损失。另外，长时间玩手机也不利于身体健康，存在一定的安全隐患。因此，教师有必要通过教育活动让幼儿了解手机隐私与信息安全。

（二）活动目标

第一，知道手机中存在个人隐私，不随便翻看别人的手机，不向别人透露家人的手机密码，以防信息泄露。

第二，在使用手机的过程中不乱点击，防止进入不健康网页或遭受网络诈骗。

第三，尝试使用手机进行必要的学习和交流，连续看手机时间不超过 20 分钟。

（三）活动准备

第一，手机视频，关于手机诈骗的新闻等。

第二，玩具手机，手机功能记录表等。

第三，绘本《手机的规矩》。

第四，幼儿参观过手机卖场，了解手机的用途，初步了解使用手机的方法。

（四）活动过程

1. 播放视频，导入活动主题

教师播放关于手机的视频，引导幼儿说一说常见的手机。

2. 引导幼儿分组讨论，了解手机的主要功能

师：你们玩过爸爸妈妈的手机吗？平时爸爸妈妈用手机做什么？

幼儿分组讨论。

教师介绍统计表的内容与记录方式，如下表所示。

√									

教师帮助幼儿进一步了解手机的功能，如收发信息、接打电话、拍照、看天气预报、看时间、看电影、听音乐、玩游戏等，并在表格中画“√”，最后进行统计，看看手机有多少种功能。

3. 讲解手机对人们的危害

播放视频《您的手机安全吗？》——关于手机诈骗。

师：视频中发生了什么事情？为什么会发生这种事情？

小结：手机有多种用途，但也有潜在的危险。手机中存在个人隐私，因此不能随便翻阅别人的手机。

4. 引导幼儿看绘本《手机的规矩》，了解使用手机的规矩

师：绘本中讲了哪些使用手机的规矩？

小结：打电话或玩游戏要规定时间，不能长时间玩手机，否则会造成听力、视力下降，还会引起颈椎问题，不利于身体健康。

5. 引导幼儿讨论安全使用手机的方法

(1)未经允许不能玩别人的手机。

(2)在使用手机的过程中不乱点击，防止信息泄露。

(3)不要把家人的手机密码等重要信息随意告诉别人。

(4)在公共场所打电话尽量小声，一是不影响他人，二是维护信息安全。

(5)不能长时间玩手机，保护好眼睛。

6. 拓展幼儿学习经验

师：回家后告诉爸爸妈妈你今天学到的本领，讲一讲手机使用的规矩，共同制定“××家庭手机使用规矩”，与同伴分享交流。

（五）活动评价

本活动基于日常生活，关注幼儿的生活经验及学习兴趣，引导幼儿通过观察、体验，了解手机的类型、用途以及与人们生活的密切关系，知道随意操作手机容易出现的安全问题。

本活动注重幼儿知识经验的拓展和迁移，引导幼儿在了解如何正确使用手机的基础上，通过学习、讨论，知道保护手机隐私和信息安全的方法，树立安全意识。

（六）活动延伸

1. 区角活动

在科学区投放玩具手机或幼儿从家里带来的旧手机，供幼儿操作、体验；

在美工区设计并制作未来的手机，引导幼儿基于经验，设计并制作自己喜欢的手机，和同伴分享。

2. 亲子活动

在爸爸妈妈的指导下，尝试操作手机，了解手机的多种功能。

和家人一起共同商议、制定“××家庭手机使用规矩”，贴在墙上，互相监督，共同遵守。

（七）参考资源

谢茹，邢博宁．手机的规矩[M]．成都：天地出版社，2019.

大班活动3：合理规划看电视时间

（一）活动背景

看电视是人们日常生活中的一种休闲、娱乐方式。每天晚上，忙碌了一天的人们坐在沙发上看看电视是很惬意的，也是很放松的。幼儿也一样喜欢这样的感觉。电视有画面、有声音、有剧情，特别是动画片，以其色彩丰富的画面、夸张的人物造型、极具吸引力的音效吸引着幼儿，以至于幼儿看着看着就忘记了时间，甚至几小时不吃、不喝、不活动，这样对幼儿的身体会产生不利影响。本活动在认同幼儿兴趣的基础上，通过引导幼儿观看有益的电视内容，有计划地安排看电视时间，逐步培养幼儿对电视内容的甄别能力和自我管理能力。

（二）活动目标

第一，能观看健康、有益的电视节目，合理安排学习与看电视的时间。

第二，科学计划看电视时间，并自觉实施，连续看电视不超过20分钟。

第三，知道长时间看电视的危害。

（三）活动准备

第一，视频《看电视的熊》。

第二，幼儿有看电视的经验和感受。

（四）活动过程

1. 播放视频《看电视的熊》，导入主题

师：这是哪部动画片？主人公在干什么？有什么样的表现？

师：小朋友都看过哪些动画片？你在看动画片时的心情怎样？和做其他事情时的心情有什么不一样？

小结：看电视是人们日常生活中一种休闲、消遣的方式，人们在看电视时会感觉很放松，也会被电视中的情景感染。

2. 讲述“小熊”的坏习惯

师：大家为什么叫小熊“熊瞎子”？小熊平时是怎么看电视的？

小结：小熊因为每天都看很长时间的电视，甚至忘记了吃饭，忘记了睡觉，忘记了锻炼，身体变得越来越差，眼睛也高度近视，几乎看不清东西了。

3. 引导幼儿说说看电视的好习惯

师：你在家是如何看电视的？怎样看电视才不会伤眼睛？帮助小熊恢复视力的“灵丹妙药”是什么？

小结：在家里可以看适合小朋友的电视节目，但要合理规划时间，每次不超过 20 分钟；看电视时不能离屏幕太近，还要注意坐姿；看完电视后要做眼保健操，保护眼睛。

（五）活动评价

本活动关注日常生活及幼儿兴趣，以看电视为切入点，让幼儿通过看视频、听故事、小组讨论、学习体验等方式，积累关于正确看电视、科学用眼的安全知识，为养成好的用眼习惯及后续学习与发展做准备。

本活动关注幼小衔接，注重幼儿知识经验的拓展和迁移，引导幼儿科学规划自己的作息时间，合理安排学习与接触电子产品的时间，为入小学之后处理好学习与休息的关系做了准备。

（六）活动延伸

1. 相关活动

教师可通过相关教育活动，进一步拓展幼儿的生活经验，如引导幼儿了解电视机的发展历史，知道科技进步给人们生活带来的巨大变化，感受现代生活的幸福与美好。

2. 一日生活、游戏、区角等活动

投放废旧纸箱、剪刀、水彩笔、订书机、胶带等。幼儿分组，运用废旧纸箱合作完成简单的“电视机”，或画出“我家的电视机”，锻炼动手能力。

3. 亲子活动

和爸爸妈妈一起制定“一日作息时间表”，规定每天晚上和双休日看电视的时间与要求，并自觉遵守。

大班活动4：玩游戏不上瘾

（一）活动背景

爱玩是幼儿的天性。随着电子产品的普及，电子游戏也进入了幼儿的日常生活。电子游戏又称电玩游戏，是指人们通过电子设备，如手机、电脑、游戏机等，进行游戏的一种娱乐方式，也是现代人比较喜欢的一种娱乐方式。但是一些幼儿自控力不足，玩游戏成瘾，不能自拔。幼儿正处于身体、心理发育的关键期，教师、家长应正确引导，做好榜样，让幼儿养成良好的习惯，给幼儿一个健康快乐的童年。基于此，本次活动在大班幼儿能与成人约定时间、选择游戏内容的基础上，使幼儿进一步提升自我管理的能力，学会自主协调学习与游戏时间，尝试自己制订玩游戏计划，自觉进行自我管理。

（二）活动目标

第一，能根据个人成长计划与成人一起甄选适宜的游戏内容。

第二，能协调生活与玩游戏时间，制订玩游戏计划，自觉执行，不上瘾。

第三，知道长时间玩游戏的危害。

（三）活动准备

第一，“我最喜欢的电子游戏表”。

第二，白纸和笔若干。

第三，幼儿有玩游戏的经验和感受。

（四）活动过程

1. 出示记录表，导入主题

教师出示“我最喜欢的电子游戏表”，引导幼儿观察、分辨、选择适宜的电子游戏。

(1)“我最喜欢的电子游戏表”记录着大家喜欢的电子游戏。这些游戏都可以玩吗？哪些可以？哪些不可以？为什么？

(2)请幼儿投票选择适宜的电子游戏。

小结：电子游戏的内容有很多，需要和家人、老师一起选择适宜的电子游戏。

2. 知道长时间玩游戏的危害

(1)适宜、健康的电子游戏能长时间玩吗？为什么？

(2)如何保护眼睛？

小结：即使是和爸爸妈妈选择的适宜的电子游戏，也不能长时间玩，要控制玩游戏的时间，玩完后还要做眼保健操，让眼睛放松。

3. 制订计划，协调生活与玩电子游戏的时间

(1)生活中除了玩游戏，还有什么有意思的事情(运动、看书、听音乐、美劳等)。

(2)谈一谈如何安排一日生活，控制玩游戏的时间。

(3)制订计划，协调生活与玩电子游戏的关系。

小结：虽然电子游戏很好玩，但是我们不能沉迷其中，生活中还有很多有意思的事情，我们可以尝试制订生活计划，让我们的生活变得丰富多彩。

4. 任务驱动，执行计划

回家和爸爸妈妈讨论自己的计划是否合理，并请爸爸妈妈一起记录自己遵守计划的效果。

(五)活动评价

本活动重视幼儿辩证性思维的培养。活动以“我最喜欢的电子游戏记录表”导入，让幼儿通过观察、思考、分辨、选择等方式，知道不同电子游戏的内容，学习甄选适宜的电子游戏，能够辩证地看待电子游戏的利与弊。

本活动注重幼儿自我管理能力的培养。幼儿通过记录喜欢的电子游戏，和成人一起选择合适的游戏种类，合理安排游戏与生活的关系，制订计划管理自己玩游戏的时间，养成良好的习惯，为幼小衔接积累经验，做好准备。

(六)活动延伸

1. 相关活动

通过举办“电子游戏那些事”宣传活动，请幼儿尝试讲解电子游戏的利弊。

2. 亲子活动

幼儿邀请爸爸妈妈一起，理性面对电子游戏，共同控制玩电子游戏的时间，通过其他活动丰富生活体验。

(七)参考资源

龚雪莹．幼儿电子游戏活动的调查研究[D]．武汉：华中师范大学，2017.

贺建华．电子游戏对幼儿的负面影响及其应对[J]．新课程研究(下旬)，2018(1).

五、 主题单元幼儿表现评估

主题＿＿＿＿＿＿＿＿＿＿

班级＿＿＿＿　　幼儿姓名＿＿＿＿＿＿＿　　教师姓名＿＿＿＿＿＿

评价者＿＿＿　　日期＿＿＿＿＿＿

评估准则：完全掌握或做到为 4 分；有时掌握或做到为 3 分；初步掌握或做到为 2 分；暂未掌握或做到为 1 分。

表 11　大班电器、电子产品安全单元幼儿表现评估

学习目标	具体表现	1 分	2 分	3 分	4 分
知道生活中常见的电器、电子产品的功能及正确的使用方法					
了解信息时代电器、电子产品给人们生活带来的便利					
知道电器、电子产品使用过程中可能存在的危险，提高安全意识					
在成人的帮助下积累使用电器、电子产品的相关经验，掌握正确的使用方法					
学习合理规划自己的作息时间，处理好学习与游戏的关系，为入小学做好准备					

大班运动与游戏安全

一、主题单元背景资料

随着运动类型和运动量的增加，大班幼儿喜欢挑战具有冒险性的运动和游戏，容易发生安全事故。例如，在玩水时，幼儿自我保护能力差，导致安全事故发生；玩大型运动器械游戏时，幼儿喜欢结伴竞技，安全事故随时可能发生。中班时幼儿体验过遵守运动规则，玩过球和秋千等。幼儿能主动遵守安全规则，也能够在运动中主动躲避危险，初步形成了安全自护意识，还能主动提醒同伴注意安全。基于此，大班运动与游戏安全主题活动的开展进一步引导幼儿参与有规则、有团队合作、有竞争的运动和游戏。在运动和游戏中，幼儿能自觉按照运动和游戏的安全规则有序开展活动，在复杂的环境中树立自我保护意识。

《3—6 岁儿童学习与发展指南》明确指出："运动时能注意安全，不给他人造成危险。"本主题将运动与游戏安全和五大领域教育教学活动有机整合、渗透，运用了情景游戏、社会实践、亲子活动、现场演练等形式，开展了安全教育活动，让幼儿具备一定的安全自护能力，知道参加冒险活动的过程中存在的安全隐患，学会正确的自救方式，并根据自我体验制订运动规划。

二、主题单元目标

第一，在运动与游戏中能注意安全，不给他人造成危险。

第二，喜欢与他人一同安全参与运动与游戏，制订运动与游戏中安全自护的规则。

第三，掌握运动与游戏的规则，掌握常见的运动器械的安全玩法。

第四，能自觉遵守运动与游戏的基本安全规则。

第五，了解生活中从高处往下跳存在安全隐患，学习高处防护的方法和安全标志的含义。

第六，了解玩水的安全知识及在水中遇到危险时自我保护的方法，懂得在运动中不做危险的事情。

三、 主题单元环境创设

(一)墙饰创设

1. 我的运动安全卡

根据主题活动，幼儿制作运动安全卡，并对自己制作的运动安全卡进行解说与展示。教师结合大班幼儿的年龄特点，引导幼儿了解不同运动器械的特征、玩法及动作要领，将幼儿前期收集的不同类型的运动器械的图片以及玩法图解进行展示。

2. 游泳安全小标识

教师针对大班幼儿在玩水时存在的安全问题，在墙上呈现有关安全提示的内容，帮助幼儿了解玩水时自我保护的方法；请幼儿利用身边的材料，模仿制作水上救援器材，如救生圈、救生艇等；在主题墙前设置一个展台，用来展示幼儿的作品。

3. 高处的危险事件

教师通过展示幼儿对生活中高楼的观察记录，引导幼儿发现城市里各种各样的高楼，了解高处隐藏的秘密，知道高处的危险，尝试设计出能够保护“蛋宝宝”的设施。

4. 大型玩具展览馆

教师结合幼儿自身的经验，利用图片、小报的形式展示不同类型的大型器械和中小型器械，让幼儿与同伴分享、交流各自遇到的或知道的安全问题，引导幼儿了解这些器械的功能和作用以及安全自护的方法。

教师利用问卷调查的形式，请幼儿展示运动与游戏中的安全隐患或者安全事故，做成作品“大型玩具安全游戏的使用手册”并展现出来。

（二）区域活动

1. 科学区

（1）提供不同类型的大型器械和不同游戏规则的图片等，供幼儿寻找不同大型器械的不同规则。

（2）提供大型器械玩具说明书，供幼儿探究各类玩具的正确使用方式。

（3）提供全国不同地区有特色的屋顶建筑拼图、望远镜、放大镜等材料，供幼儿观察各种各样的屋顶。

（4）提供不同高度的积木、记录纸、乒乓球、笔，供幼儿记录游戏中球从不同高度落下的状态。

（5）投放“水中的沉与浮”实验器材，如水盆、木块、充气皮球、磁铁、药匙、实验记录表等材料，供幼儿进行实验。

2. 美工区

（1）提供不同形状的标志空白卡、勾线笔、水彩笔，供幼儿设计安全标志、宣传画。

（2）提供不同大型器械的操作手册、空白手册、彩笔，供幼儿设计大型玩具操作手册。

（3）提供彩纸、浆糊、油画棒等材料，引导幼儿结合全国各地不同特色的屋顶图案进行粘贴。

3. 角色扮演区

（1）提供安全管理人员的制服、安全游玩手册，供幼儿进行“游乐场里的安全”角色游戏。

（2）提供水盆、小娃娃、游泳设备等，模拟游泳馆场景，供幼儿进行角色扮演。

4. 建构区

提供木头积木、雪花片、围栏、道路、树木等低结构材料，供幼儿搭建“安全游乐场”中不同的大型器械，以便幼儿更加了解大型器械的组成结构。

5. 图书区

（1）在图书区设置“时间、地点、人物、事件”四要素提示标志，供幼儿阅读时掌握故事的主要内容。

(2)将游泳故事记录表投放在图书区，请幼儿继续讲述自己的游泳故事。

（三）班级文化

1. 激发幼儿的规则性意识，提高幼儿在运动与游戏中的自我保护意识

大班幼儿喜欢挑战有危险的运动，虽对常见的运动器械有了基本的了解，但常常会创新很多器械玩法，从而产生不同程度的安全隐患。本主题活动通过采取主题式教育形式，利用幼儿的直观感受以及环境的隐性教育作用，提高幼儿在运动与游戏中的自我保护意识，让幼儿能够与同伴安全地进行运动与游戏，增强安全意识。

2. 引导幼儿探究不同类型运动与游戏的规则，培养幼儿自觉遵守规则的能力

教师结合主题内容，引导幼儿亲身实践，了解不同类型运动与游戏的安全规则，发现不同类型运动与游戏存在的安全隐患，探究玩水和高处的危险、各类运动器械的安全使用方法以及中国民间传统运动器械的正确玩法，在主题活动中设计富有个性化安全标记的宣传画，在主题活动中进行分享、交流、展示，自觉遵守运动与游戏的规则。

四、 主题单元教育活动方案

大班活动 1：玩水的安全

（一）活动背景

幼儿在夏天比较喜欢游泳戏水。但是，幼儿溺水案例每年都有发生，给家庭和社会带来巨大的损失。游泳安全已经成为整个社会都关注的问题，防溺水安全教育刻不容缓。

《3—6 岁儿童学习与发展指南》指出，要结合生活实际对幼儿进行安全教育。在本次活动中，幼儿走进游泳馆，通过参观、讨论、自主采访、记录、交流等方式了解游泳馆的基本结构设施，了解游泳馆工作人员的职责，更重要的是了解游泳的安全防护知识，知道珍惜生命，不做危险的事情。

（二）活动目标

第一，感知生命的重要，珍惜生命。

第二，从采访中了解玩水安全知识及玩水自我保护方法。

第三，能遵守游泳馆的规则，不做危险的事情。

（三）活动准备

第一，制订活动安全方案，提前发给家长。请幼儿提前制作采访记录卡，将想了解的关于玩水游戏安全的问题用简单的符号记录下来。

第二，轻便的运动装和运动鞋、充足的水等。

第三，身着园服或者班服，家长穿同色服装或者整个班级佩戴同一物品，如红色飘带、帽子等。

第四，幼儿有外出参观和参加集体活动的经验，知道紧跟队伍不掉队。

第五，幼儿有采访的经验，了解采访流程和采访记录的方法。

（四）活动过程

1. 组织幼儿跟随教练，参观游泳馆

教师引导幼儿欢迎游泳教练，并请教练介绍游泳须知。

教师和幼儿参观游泳馆，了解游泳馆的安全标志。

2. 鼓励幼儿采访教练，了解游泳馆

教师与幼儿商议采访游泳教练的流程，确定采访游泳教练的主题。

采访主题一：游泳前的安全（如服装准备、热身运动等）。

采访主题二：游泳中的安全（如有哪些禁止行为、遇到突发事件怎么办）。

采访主题三：游泳后的安全（如小心地滑、清洁卫生等）。

教师请幼儿按三个家庭为一个小组进行分组采访，针对一个主题对游泳馆的教练自由采访，用画图的形式记录，家长用录制视频的形式记录。

教师引导幼儿自由交流采访收获，并鼓励幼儿大胆归纳游泳中自我保护的方法和安全规则。

3. 引导幼儿体验尝试，感受游泳馆

幼儿以家庭为单位，在游泳教练的带领下进行游泳前的安全热身运动。

游泳教练与幼儿重温安全游泳的方法和自我保护的方法。

幼儿进入游泳池玩水。游泳教练关注幼儿，并随时提醒幼儿注意安全。

幼儿向游泳教练致谢，告别游泳馆。

（五）活动评价

玩水安全知识和自我保护方法是重要的安全教育内容。本次活动中，教师让大班幼儿针对感兴趣的安全自护问题自由采访游泳教练。幼儿通过亲身体验、与同伴交流和分享、现场讲解、实地感受等形式，深刻了解了游泳中必须掌握的安全知识技能。

整个过程中，幼儿以“小记者”的身份出现，教师鼓励他们提前思考并记录自己期望了解的玩水游戏安全小知识。幼儿在活动中有备而来，增强了活动的计划性。幼儿对游泳教练进行一对一采访，收集到了大量信息；通过记录同伴的分享内容，掌握了更多关于玩水游戏安全的方法。在教练的带领下和家长的陪同下，幼儿尝试安全玩水，将活动推向高潮。幼儿在体验中真正获得了安全自护的方法和知识。“生活即教育，教育即生活”的理念在幼儿园安全教育活动中得以落实。此外，社会实践让幼儿通过实地考察，更加深入地了解了游泳馆的规则和各类玩水安全知识，知道了哪些危险的事情不能做。通过与游泳教练互动、与同伴互动，幼儿建立了初步的游泳安全经验，更懂得了保护生命。

（六）活动延伸

1. 相关活动

(1)生成语言活动“我的游泳馆参观日记”，讲一讲自己参观游泳馆的趣事。

(2)生成艺术(美)活动，帮助游泳馆设计安全标志，提醒大家危险的事情不能做。

2. 一日生活、游戏、区角等活动

(1)将“玩水记录表”投放在班级语言区，供幼儿继续讲述、交流自己的发现。

(2)在班级美工区投放绘画材料，供幼儿画一画各种泳姿、好玩的玩水游戏、我眼中的游泳馆或者想象中的游泳馆。

3. 亲子活动

(1)幼儿向家长介绍自己参观游泳馆时的玩水趣事和自己的发现。

(2)在家人的带领下，幼儿去游泳馆感受一下玩水的快乐。

(3)家长可带领幼儿前往水上救援队，参观并了解他们的援救设备。

大班活动2：运动冒险中的自我保护

(一)活动背景

大班幼儿活泼好动，喜欢尝试新鲜刺激的事物，在生活中喜欢做一些冒险动作，如从大型玩具上往下跳，从花坛上往下跳，下楼梯到最后几个台阶时也会迫不及待地跳下来。幼儿由于不了解从上往下跳的正确姿势，不知道冒险和危险之间往往只有一线之隔，因此会造成身体某些部位受伤。因此，开展“运动冒险中的自我保护”安全教育活动，提高幼儿的安全意识是十分必要的。

通过之前开展的安全教育活动，大班幼儿已经了解了户外运动与游戏存在安全隐患，知道了安全开展运动与游戏的方法和规则。此活动旨在根据大班幼儿的年龄特点以及运动机能发展需求，设置冒险场景，引导大班幼儿发现从不同高度往下跳存在的安全隐患，知道不能从矮墙、高台、陡坡等各种过高的地方随意往下跳，学会正确的从上向下跳跃的姿势，进一步增强自我保护能力。

(二)活动目标

第一，乐于参与伞兵日常的训练游戏，感受“跳伞”这项冒险运动的乐趣。

第二，了解“跳伞”这项运动中存在的各种安全隐患，知道不能在冒险运动中打闹。

第三，能运用“脚轻跳，脚尖落地同时屈膝”的下跳动作保护自己，避免受伤。

(三)活动准备

第一，伞兵跳伞的视频：伞兵从飞机上跳下、开伞、着陆前蜷缩身体的正确姿势。

第二，若干组成对的危险动作与安全动作的图片。

第一组：

危险动作——两个幼儿站在攀爬架高处打闹的图片。

安全动作——两个幼儿站在攀爬架高处有次序排队的图片。

第二组：

危险动作——幼儿从高台上直接往下跳的图片。

安全动作——幼儿从高台旁的梯子上爬下来的图片。

第三组：

危险动作——一个幼儿不敢跳，另一个幼儿推他的图片。

安全动作——幼儿和幼儿之间保持一定距离，不推不挤向下跳的图片。

第四组：

危险动作——幼儿下跳时腿部没有弯曲的图片。

安全动作——幼儿下跳时脚尖落地同时屈膝的图片。

第三，幼儿有户外玩耍的经验，对危险地方、物品有一定的辨别能力。

（四）活动过程

1. 鼓励幼儿争当小伞兵

教师和幼儿观看跳伞视频，引发幼儿参与伞兵训练的兴趣。

幼儿随音乐做热身运动，活动关节(蹲跳，膝盖绕圈，活动脚踝、手腕、颈部)。

2. 组织幼儿进行伞兵训练

教师请幼儿做小伞兵，一起跟着口令，了解跳伞着地的正确姿势。

(我们都是小伞兵，个个勇敢练本领)

教师介绍情节和游戏动作。

训练营任务一：教练命令“起飞”，幼儿两臂伸开平举，模仿飞机在天空自由飞翔，在草地上跑圈。

训练营任务二：教练命令“飞过高山”，幼儿爬上场地中的攀爬梯。

训练营任务三：教练命令“准备跳伞”，幼儿站在攀爬架上做好跳伞准备动作。听到跳伞口令后，幼儿双脚并拢，脚轻跳，脚尖落地的同时屈膝，依次跳到软垫上。

训练营任务四：教练命令“集合”，幼儿走到软垫前的草地上排队。

幼儿根据自己的能力选择不同高度的跳伞地点，反复练习正确的“跳伞”动作。教师个别指导保护，纠正不正确的姿势，让幼儿个个都能成功“跳伞”。

3. 组织幼儿进行高处营救训练

教师出示图片，请幼儿找一找“跳伞”这项冒险运动中有哪些动作是有危险、有隐患的，说清楚为什么危险。

幼儿说一说伞兵遇到危险应该怎么办。

幼儿分组尝试进行伞兵高处营救训练。

教师提醒幼儿注意安全的同时，让幼儿了解在冒险运动中遇到危险时应该如何保护自己。

小结：高处有危险，不能随便从矮墙、高台、陡坡等过高的地方往下跳，或者在有隐患的地方打闹。

4. 引导幼儿正确跳落

教师进行安全意识教育，告诉幼儿要学会自我保护，只有背上降落伞、经过专业训练以后，才能从特别高的地方向下跳，不然就会受伤，甚至有生命危险。

小伞兵们“起飞”，从跳台上用正确的姿势慢慢跳落。

（五）活动评价

活动通过创设小伞兵训练营、高处营救训练等生动有趣的情境，使幼儿乐于尝试从不同高度的跳台往下跳，掌握从高处往下跳的正确姿势，从而用规范的动作保护自己的身体。

活动中幼儿掌握了跳落时的自我防护措施，学会了分辨有隐患的“高处”，培养了遵守纪律的品质，能按照规则进行游戏。幼儿还尝试合作完成各项任务，当同伴遇到危险时，能够用正确、安全的方法给予帮助，有保护同伴安全的意识。

（六）活动延伸

1. 相关活动

教师扮演教练，带领幼儿在地上练习新的跳伞动作：下蹲—摆臂—蹬跳—落地—站起。幼儿反复练习新的动作要领，跳下时两手前后自然摆动，膝盖随手臂摆动自然弯曲，再充分向上伸展，往下跳，前脚掌着地后，保持身体平衡。练习若干次后，教师在软垫上用粉笔画一条线。幼儿从高处跳下时，尝试在线的前方落地。

2. 一日生活、游戏、区角等活动

生活中幼儿可以和家长一起去发现、感受一些特殊、有趣的楼房设施，了解高楼中的设施的作用，知道高楼的巧妙设计能方便人们的生活，也能在危险来临时帮助人们，知道去高处的注意事项，不在高处做危险的事情。

教师将高楼上各种不同设施的图片投放在班级语言区，幼儿了解医院停机坪、消防警报器、避雷针、防护栏、水箱等特殊又必备的楼房设施，讲述、交流自己的发现。

教师在班级美工区投放绘画材料，幼儿可以画一画各种不同的高楼或者自己在高楼中发现的设施，自主设计高楼的安全标志。

3. 亲子活动

游戏名称：蛋宝宝的高空营救

设计意图：蛋宝宝的外壳脆弱易碎，如果没有保护，从高处坠落后将会受到很严重的伤害。幼儿能通过参与保护蛋宝宝的实验，体会从高处坠落的危险，学会保护自己。

游戏玩法：教师提供泡沫块、塑料布、气球、棉花、卡纸、KT 板、双面胶、安全剪刀等材料。家长和幼儿运用不同的材料设计并制作蛋宝宝的保护罩，制作好保护罩后把蛋宝宝装进亲子制作的保护罩，到二楼平台上进行高空营救游戏，即向楼下抛掷被装入保护罩的蛋宝宝，抛下后一起下楼打开自己制作的保护罩，检查蛋宝宝。鸡蛋壳没有碎的家庭为成功营救蛋宝宝的胜利者。

（七）参考资源

1. 儿歌

小小伞兵训练营

小小伞兵，来训练，
绕绕手腕，扭扭腰，
蹲蹲膝盖转转腿，
站起身，拍拍手，
走一走，跑一跑。
运动安全最重要。

猜猜蛋宝贝

一个蛋，溜溜圆，
里面住着小宝贝。
今天它就要出来，
请你快来猜一猜。
咔嚓咔嚓，出来啦！
它是谁的小宝宝？

高楼危险

高楼风景好，安全更重要。
阳台不打闹，垃圾不乱抛。
高处要少去，安全乘电梯。
进出多注意，安全是第一。

爬高的危险

乐乐总是不听话，特别喜欢玩爬高的游戏。他不知道高高的地方其实很危险。这天乐乐又在家玩爬高的游戏。“爬高高真好玩，我就喜欢爬高高。”妈妈看到了连忙说：“乐乐，乐乐，快下来。爬高高很危险，一不小心会受伤。”刚说完，乐乐一不小心从柜子上摔了下来。爸爸赶紧跑过去接住乐乐，乐乐心里害怕极了。奶奶爷爷都着急地说：“柜子、窗台、桌椅都不能爬，乐乐可不能再调皮。”小朋友们，你们记住了吗？爬高很危险，在家时不要学乐乐随便往高处爬。

2. 拓展阅读

杨金秀. 安全常识互动游戏书[M]. 西安：未来出版社，2017.

大班活动3：组合器械我会玩

（一）活动背景

经过小班和中班的安全教育活动，幼儿能正确认识滑梯和秋千的安全玩法。大班幼儿身体协调能力增强，运动量也随着年龄的增长而增加。各类大型器械游戏中潜藏着意想不到的安全隐患，因而开展“组合器械我会玩”安全教育活动，让幼儿从中体验正确的游戏方法十分重要。活动中，教师引导幼儿自主观察，自主记录，共同讨论游戏环节，发现组合器械游戏中不安全的地方，并归纳成朗朗上口的儿歌，确定组合器械游戏规则，以促进幼儿安全意识的增强和自身潜能的发展。

（二）活动目标

第一，乐意和同伴分享安全参与组合器械游戏的方法。

第二，观察并记录组合器械游戏中不安全的行为。

第三，能用“不”和“要”归纳安全规则。

（三）活动准备

第一，水彩笔、幼儿人手一册小画本。

第二，幼儿有玩组合器械游戏的经验，会简单绘画小人和大型玩具。

（四）活动过程

1. 趣味导入：记录小达人

教师和幼儿到户外开展“安全记录小达人”游戏。

幼儿自由分成2组，携带记录纸和笔，准备玩游戏。

2. 组织幼儿开展快乐游戏：组合器械我会玩

(1)游戏一：安全检查。

教师请2组幼儿一起检查滑梯、攀岩、吊环、梯子等组合器械游戏设备有什么不安全的地方，用彩笔和画本记录下来。

(2)游戏二：你玩我记。

教师请第一组幼儿自选滑梯、攀岩、吊环、梯子等组合器械游戏。

教师请第二组幼儿用简单的绘画记录第一组幼儿在玩组合器械过程中不安全的游戏行为，5分钟以后交换角色。

(3)游戏三：你说我听。

规则一：教师请幼儿集合，讨论检查记录的内容：组合器械零件有没有松动，绳索有没有断开等。

规则二：教师请幼儿讨论玩组合器械游戏时不安全的行为：推挤、打闹、抢玩具、从高处往下跳、没站稳。

规则三：教师和幼儿共同用“不”和“要”归纳组合器械安全游戏规则。

“要”字歌——游戏前，要检查，绳索零件要完好，手要抓紧，脚要踩稳。

"不"字歌——游戏中不推挤，不乱跑，不从高处跳，朋友之间不打闹。

(4) 游戏四：接龙游戏。

第一步，教师请幼儿根据自己的记录，开展"要"字歌组合器械游戏安全规则的接龙游戏。

第二步，教师请幼儿根据自己的记录，开展"不"字歌组合器械游戏安全规则的接龙游戏。

3. 温馨结束：都是小达人

教师与幼儿一起评选活动中的"安全记录小达人"，并为他颁奖。

（五）活动评价

整个活动以自主游戏的形式开展，让幼儿了解组合器械游戏的安全规则，发现组合器械游戏中的安全隐患和避免安全事故的方法，自发遵守游戏规则，并提醒和帮助同伴学会自我保护。

活动中每个游戏互相联系，层层递进。幼儿在各类游戏中自主讨论，大胆分析，清晰辨别，逐渐形成了自我保护意识和做"安全游戏小达人"的愿望。

（六）活动延伸

1. 相关活动

教师拍下日常游戏中班级幼儿玩组合器械的图片，打印出来，或者导入班级电视中给幼儿观看。幼儿快速抢答，说说同伴在游戏中是否存在不安全的游戏行为。

2. 一日生活、游戏、区角等活动

(1) 在建构区投放薯片筒、纸筒等低结构材料以及积木、积塑材料，幼儿进行搭建游乐场的主题建构游戏。

(2) 在美工区投放彩笔、彩纸等材料，幼儿制作游乐场的安全标志。

3. 亲子活动

(1) 家长和幼儿去有组合器械的游乐场玩游戏。

(2) 家长注意观察幼儿在游戏中与小伙伴合作。

(3) 家长引导幼儿注意游乐场的安全标志。

4. 其他活动

探索主题公园里其他大型电动玩具的安全规则中为什么有对幼儿身高的要求。

（七）参考资源

大型玩具安全警示语。

大班活动4：运动安全规则我制订

（一）活动背景

中班幼儿体验了多种多样的运动过程。大班幼儿在此基础上要全面了解中小型器械游戏中的安全规则，主动发现运动中的隐患，制作图标提醒身边的小伙伴在运动与游戏中保护自己。“运动安全规则我制订”安全教育活动由此产生。

活动中，教师让幼儿寻找幼儿园运动中的安全隐患，激发幼儿大胆发现和自主参与活动的兴趣，调动幼儿安全自护的积极性；运用设计、分享的形式，让幼儿讲解自己的安全规则，为幼儿创设大胆说、有机会说的环境，激励幼儿做安全防护的小主人。

（二）活动目标

第一，体验设计和创作运动安全卡的乐趣。

第二，与同伴合作设计运动安全卡，分享交流运动安全游戏的方法。

第三，能将设计的安全运动卡粘贴到合适的地方。

（三）活动准备

第一，“安全标志”图片、各种活动图片、安全指示牌图片等。

第二，教师自我设计一张运动安全卡。

第三，画面：两名小朋友正在争抢皮球，僵持不下，就用皮球对打起来。

第四，制作安全标志的材料：卡纸、彩纸、双面胶、油画棒等。

第五，各类自造器械：球、飞盘、沙包、推车、高跷、轮胎、滚筒等。

第六，幼儿了解幼儿园内各种不同的运动游戏，知道其安全玩法。

第七，幼儿有合作分工的意识。

第八，幼儿有团队合作的能力。

（四）活动过程

1. 引导幼儿寻找幼儿园中运动游戏的安全隐患

教师带领幼儿分组玩各类自造器械。

教师引导幼儿讨论自造器械运动中不安全的现象，如扔飞盘砸到小朋友、踩高跷摔倒了、钻爬钻框时推挤等现象。

教师提问“怎么提醒他人”，引导幼儿讲述安全指示牌或安全标志等，引出下一环节活动。

2. 激发幼儿设计运动安全卡的兴趣

教师提供各种交通安全图片，请幼儿找出图片中的安全提示。

教师引导幼儿探讨并制订运动安全规则。

3. 组织幼儿交流分享中小型运动安全卡设计创意

教师出示幼儿园户外运动场景图片，请幼儿讨论如何设计运动安全卡。

教师引导幼儿分组讨论自己心中的幼儿园中小型器械的运动安全卡。

4. 组织幼儿分组制作运动安全卡

幼儿以组为单位，选择户外运动场景，制作心中的运动安全卡。

5. 引导幼儿讲述运动规则，张贴运动安全卡

教师引导每组幼儿讲述自己心目中的运动安全卡的内容和作用。

教师请幼儿与同伴一起讨论运动安全卡的设计规则和适合粘贴的位置。

教师带领幼儿以组为单位粘贴运动安全卡。

（五）活动评价

幼儿能主动参与幼儿园运动安全卡的设计，在分享和交流中懂得安全游戏规则和安全自护的方法。整个活动不仅让幼儿体验到了设计标志的快乐，而且让幼儿增强了在运动中保护自己和保护他人的意识。教师在每个环节都注意积极引发幼儿思考，让幼儿知道运动安全卡的作用。制作运动安全卡的整个过程让幼儿充分地认识了在运动中保护自己的方法。

（六）活动延伸

1. 相关活动

（1）鼓励幼儿自觉遵守安全提示。

(2)有目的地引导幼儿关注和了解生活中常见的安全提示，学会保护自己。

(3)引导幼儿在幼儿园以及家里继续查找安全隐患，设计安全标志。

2. 一日生活、游戏、区角等活动

美工区：提供彩笔和卡纸，请幼儿设计中小型器械运动安全卡，引导幼儿互相评价。

图书区：投放有关运动安全标志的书籍、生活中常见的安全标志等。

角色扮演区：创设工地环境，准备安全帽、工作服，让幼儿在活动时体会安全标志的作用，体验安全活动的重要性。

3. 亲子活动

请家长带领幼儿共同观察、寻找生活中常见的安全标志，了解它们所表示的意思。

4. 其他活动

让幼儿收集不同的标志，引导幼儿仔细观察这些标志的特征，根据特征进行分类，如禁令标志、警示标志、指示标志等。

（七）参考资源

安全运动歌

户外阳光妙，小朋友们好。

准备要做好，保护很重要。

高兴做游戏，遵规不乱跑。

锻炼长本领，身体发育好。

中小型器械安全歌

玩高跷，跳轮胎，钻山洞，过小桥，切记保护好自己，摔伤身体不方便。

玩推车，拍皮球，扔飞盘，跳绳子，安全意识记心间，谨防失手勿伤人。

踩高跷运动安全歌

踩高跷要去操场，检查场地和器械。

锻炼前，做准备，伸伸胳臂弯弯腰。

活动全部结束后，整理运动做做好。

五、 主题单元幼儿表现评估

主题____________________

班级________　　幼儿姓名______________　　教师姓名____________

评价者______　　日期____________

评估准则：完全掌握或做到为 4 分；有时掌握或做到为 3 分；初步掌握或做到为 2 分；暂未掌握或做到为 1 分。

表 12　大班运动与游戏安全单元幼儿表现评估

学习目标	具体表现	1 分	2 分	3 分	4 分
了解玩水的安全知识及在水中遇到危险时自我保护的方法，懂得在运动中不做危险的事情					
在运动与游戏中能注意安全，不给他人造成危险					
喜欢与他人一同安全参与运动与游戏，制订运动游戏中安全自护的规则					
掌握运动与游戏的规则，掌握常见的运动器械的安全玩法					
能自觉遵守运动与游戏的基本安全规则					
了解生活中从高处往下跳存在安全隐患，学习高处防护的方法和安全标志的含义					

附录：本书作者分工表

安全单元负责人		大班
意外伤害	康永祥	我不怕了(郭泽则)
		热心肠的熊先生(郭泽则)
		爸妈不在家(郭泽则)
		爱逞能的牛牛(王美玲)
		不会游泳的长颈鹿先生(王美玲)
心理健康	吴文艳	扬长补短(俞娇)
		我生气了(俞娇)
		挫折我不怕(俞娇)
		合作力量大(俞娇)
		爸爸爱我(俞娇)
消防安全	李军	火灾预防指南(白鸽)
		消防安全禁止标志我设计(白鸽)
		逃生路线我设计(李艳莹、靳静静)
		消防车进校园(李艳莹、徐然)
交通安全	冯江英	交通标志我知道(地拉仁·尼亚孜)
		马路上的危险(柳婷)
		我们一起去郊游(阿依古丽)
		电梯安全宣传员(许静)
社会安全	张海凤	我不认识你(郑维琴)
		人多的地方我不去(何利红)
		我不会走丢(聂艾佳)
		恶狼来了怎么办(黄阳)

续表

安全单元负责人		大班
居家安全	卢筱红	不在洗手间玩耍(王情)
		煤气泄漏别害怕(王情)
		我会安全使用工具(王情)
		逗弄动物很危险(王情)
园所安全	刘敏	幼儿园生活安全宣传员(熊秀梅)
		小学不一样(熊秀梅)
		我们的毕业典礼(熊秀梅)
		我和我的好朋友(熊秀梅)
卫生饮食安全	秦旭芳	包装袋上的秘密(肖文、刘佳鑫)
		小小食品质检员(肖文、刘佳鑫)
		食物最佳搭档(肖文、刘佳鑫)
		科学安全进餐(肖文、刘佳鑫)
自然灾害防范安全	周丛笑	台风暴雨小常识(裴珊珊)
		冰雪小达人(裴珊珊)
		雷电冰雹安全擂台赛(谭子英)
		泥石流中的自救(谭子英)
		防震减灾我知道(谭子英)
身体安全	刘琨	预防近视有办法(陈桦、侯峻姬)
		保护耳朵(陈桦、王映珊)
		换牙我不怕(陈桦、邢瑜)
		爱护我的小手(梁丽银、麦榴)
		别碰我(梁丽银、丁煦、邢瑜)
电器、电子产品安全	程秀兰	家用电器是我的小帮手(张文芳)
		手机隐私与信息安全(张文芳)
		合理规划看电视时间(张文芳)
		玩游戏不上瘾(张文芳)
运动与游戏安全	伍香平	玩水的安全(周丽婷、蔡洁)
		运动冒险中的自我保护(丁雅纨、王丽筠)
		组合器械我会玩(涂亚琳、徐起)
		运动安全规则我制订(徐起、周林玥)